한국인이
알아야 할

한국
문화
이야기

김영조 지음

도서출판 얼레빗

한국문화에
목말라 하는 이들에게
드리는 선물

간결하면서도 이해하기 쉬운 한국문화 글쓰기를 고집한 지도
어언 20년이 되어 간다. 한국인들뿐만 아니라 다문화 가정은
물론이고 K-드라마와 K-팝 등으로 나라 안팎에서 '알기 쉬운
한국문화'의 수요는 늘어나고 있지만, 막상 이를 만족시켜줄
만한 한국문화 관련 책은 눈에 띄지 않는 게 현실이다.

백범 김구 선생은 "문화강국이 되어야 한다"라고 외쳤다. 이에
호응하듯 한국인들은 제 나라 글자 한글이 세계 으뜸 글자라는
자부심으로 살지만 정작 왜 한글이 으뜸 글자인지 말할 수 있는
사람은 많지 않다. 그뿐만 아니라 오늘의 우리말글 생활은
영어 일변도로 나가고 있고, 길거리 간판마저도 영어에 많은
자리를 내주고 있다. 크리스마스는 물론 기업의 상품 판매 목적
으로 만든 밸런타인데이와 화이트데이에는 열광하면서도 우리
의 명절 단오와 유두를 잊은 지 오래다.

한국의 지성인이라 자처하는 사람들은 바흐라는 독일 작곡가는
알지만, 가야금을 만든 가야국의 우륵은 잘 모를뿐더러 1971년
프랑스에서 열린 세계민족음악제에서 극찬과 함께 최우수상을

받았던 천상의 음악 수제천(壽齊天)은 한국인 대부분 그 이름을 들은 적이 없을 정도다.

이러한 상황에서 글쓴이는 우리말글을 아끼고, 우리문화를 제대로 알려야겠다는 마음으로 인터넷을 활용하여 〈날마다 쓰는 우리문화 편지〉를 쓰기 시작하여 올해로 4,800회(19년째)가 넘었다. 그러나 아직 목이 마르다. 그래서 더 많은 이들에게 글쓴이의 '한국문화' 이야기를 전해주고자 한 권의 책으로 엮어 세상에 내놓는다. 딱딱하고 이해하기 어려운 교과서 같은 한국문화를 벗어나 간결하면서도 이해하기 쉬운 그러면서 재미난 한국문화를 다룬 《한국인이 알아야 할 한국문화 이야기》를 통해 한국인은 물론, 전 세계에서 한류를 꿈꾸는 이들이 '제대로 된 한국문화'를 이해했으면 하는 바람이다.

2023. 5. 15. 세종대왕 탄신일에

한갈 김 영 조 씀

차례

제1장 명절과 세시풍속

제2장 24절기 세시풍속과 철학

제3장 입을거리(한복과 꾸미개)

제4장 먹거리(한식과 전통주)

제5장 살림살이

제7장 배달말과 한글

제8장 문화재

제 1 장

명절과 세시풍속

1.
새해인사,
마침형 덕담으로
해볼까?

새해를 맞는 설날이 오면 우리는 여기저기서 슬기전화(스마트폰) 연하장을 받습니다. 그런데 그 연하장의 대부분은 새해 복 많이 받으세요, 행복한 한 해 되기를 기원합니다, 새해에는 소망하는 일들이 모두 이뤄지기를 비손합니다 등 거의 특성이 없는 엇비슷한 문구들뿐입니다. 그럼 조선시대 사람들은 어떤 새해 인사를 나눴을까요?

"고모님께서 새해는 숙병(宿病)이 다 쾌차(快差)하셨다 하니 기뻐하옵나이다" 이 글은 숙종임금이 고모인 숙희공주에게 보낸 편지에 들어있는 내용입니다. 숙종은 고모의 오랜 병이 완치되기를 바라는 마음을 담아서 "숙병이 쾌차했다 하니 기쁩니다"라며 아직 병중이건만 이미 병이 다 나은 것처럼 표현했지요. 그런가 하면 정조 때 사람 한경(漢經)은 하진백(河鎭伯) 집안사람들에게 문안 편지를 보냈는데 하진백이 과거 공부를 더욱 열심히 하고 있다는 소식을 듣고 가을에 있을 과거에서 급제했다며 미리 축하의 덕담을 보내고 있습니다.

이 밖에 명성왕후(明聖王后, 현종 비)가 셋째 딸인 명안공주

(明安公主)에게 보낸 편지, 인선왕후(어머니)가 숙휘공주(딸)에게 보낸 편지, 순원왕후(재종누나)가 김흥근(재종동생)에게 보낸 편지 등도 모두 이렇게 미리 좋은 일이 있다는 예견의 덕담을 하고 있지요. 다시 말하면 조선시대 사람들은 미래의 기쁜 일이 이미 이루어진 것처럼 마침형(완료형) 덕담을 하고 있는 것입니다. 앞으로 새해인사는 우리도 마침형 덕담을 해보면 어떨까요?

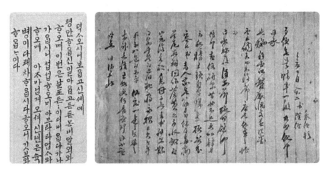

▲ 숙종임금이 고모인 숙휘공주에게 보낸 마침형 덕담편지(왼쪽, 계명대 소장)
한경(漢經)이 하진백(河鎭伯)에게 보낸 마침형 덕담 편지 (한국학중앙연구원 디지털 장서각)

2.
설날 새벽에 사서
벽에 걸어두는
복조리

▲ 설날 한 해 동안 쓸 만큼 사서 걸어두곤 하던 복조리

우리의 민속품 가운데는 쌀을 이는 도구로 조릿대를 가늘게 쪼개서 엮어 만든 '조리'라는 것이 있습니다. 그런데 한해의 복을 받을 수 있다는 뜻에서 설날 새벽에 사서 벽에 걸어두는 것을 우리는 특별히 '복조리'라 합니다.

복조리는 있던 것을 쓰지 않고 복조리 장수에게 산 것을 걸었는데 일찍 살수록 길하다고 여겼지요. 따라서 섣달그믐 자정이 지나면 복조리 장수들이 "복조리 사려"를 외치며 골목을 돌아다니고, 주부들은 다투어 복조리를 사는 진풍경을 이루었습니다.

그런가 하면 정월 초하룻날 새벽에 복조리 장수가 집집이 다니며 복조리 1개씩을 집안에 던지고 갔다가 설날 낮에 복조리 값을 받으러 오는 지방도 있습니다. 복조리를 살 때는 복을 사는 것이라 여겨 복조리 값은 당연히 깎지도 물리지도 않았지요. 설날에 한 해 동안 쓸 만큼 사서 방 한쪽 구석이나 대청 한 귀퉁이에 걸어놓고 하나씩 쓰면 복이 많이 들어 온다는 믿음이 있었습니다. 그 복조리에는 실이나 성냥·엿 등을 담아두기도 했지요. 또 복조리로 쌀을 일 때는 복이 밖에서 안으로 들어오라는 뜻으로 꼭 오른쪽에서 왼쪽으로 일었습니다. 한편, 남정네들은 복조리 대신 복을 갈퀴로 긁어모으겠다는 뜻으로 복갈퀴를 팔고 사기도 했지요.

조리를 만드는 조릿대는 산죽(山竹)이라고도 하는데 잎사귀 모양이 대나무와 거의 같지만 대나무에 견주면 키가 1미터 남짓하고 굵기는 지름 3~6밀리미터밖에 안돼 아주 작습니다. 우리나라의 조릿대 종류는 신이대, 제주조릿대, 섬조릿대, 갓대 등이 있지요. 복조리를 전문으로 만드는 대표적 마을이 바로 전남 화순의 복조리마을입니다. 백아산 줄기의 차일봉 서쪽 기슭 아래에 있는 복조리마을은 마을 주변에 복조리의 재료가 되는 조릿대가 많이 자라기 때문에 예부터 농한기에는 복조리 공동작업장에 모여 복조리를 만들었고, 복조리마을로 불렸습니다.

3.
설날 재미난 풍속들,
양괭이 · 원일소발

설날에는 여러 가지 세시풍속이 있습니다. 먼저 혼인으로 사돈을 맺은 안사돈 끼리 새해 문안을 드리려고 하녀 곧 문안비(問安婢)를 보내기도 합니다. 그리고 설날 꼭두새벽 거리에 나가 맨 처음 들려오는 소리로 한 해의 길흉을 점치는 청참(聽讖), 장기짝같이 만든 나무토막에 오행인 금 · 목 · 수 · 화 · 토를 새긴 다음 이것을 던져서 점괘를 얻어 새해의 신수를 보는 오행점(五行占) 풍속도 있지요.

또 남녀가 한 해 동안 빗질할 때 빠진 머리카락을 모아 빗상자 속에 넣었다가 설날 해가 어스름해지기를 기다려 문밖에서 태움으로써 나쁜 병을 물리치는 원일소발(元日燒髮)이라는 풍습이 있으며 한편, 섣달그믐날 밤에 잠을 자면 눈썹이 하얘 진다고 해서, 아이들이 졸음을 이기지 못하여 잠들면 잠든 아이들의 눈썹에 떡가루를 발라 놀려주던 해지킴(수세-守歲) 도 있습니다. 그런가 하면 양괭이 곧 야광귀(夜光鬼) 풍속도 있지요.

양괭이는 섣달그믐날 밤, 사람들의 집에 내려와 아이들의

신을 두루 신어보고 발에 맞으면 신고 가버리는데, 그 신의
주인은 불길한 일이 일어난다고 믿었습니다. 그래서 아이들은
양괭이를 두려워하여 신을 감추거나 뒤집어놓고 잠을 잤으며,
체를 마루 벽이나 장대에 걸어두었지요. 그것은 양괭이가
와서 아이들의 신을 훔칠 생각을 잊고 체의 구멍이 신기하여
구멍이 몇 개인지 세고 있다가 닭이 울면 도망간다고 생각했기
때문입니다.

▲ 양괭이 귀신 (그림 이무성 작가)

4.
정월대보름,
달맞이하고,
용알뜨기 하는 날

정월대보름은 한 해 가운데 보름달이 가장 크고 밝다는 날
입니다. 정월은 예부터 사람과 신, 사람과 사람, 사람과 자연이
하나로 화합하고 한 해 동안 이루어야 할 일을 계획하고
비손하며 점쳐보는 달이라고 했습니다.

《동국세시기》에 "정월대보름 초저녁에 횃불을 들고 높은
곳에 올라 달맞이하는 것을 망월(望月)이라 하며, 먼저 달을
보는 사람이 운수가 좋다"고 하여 이날은 남녀노소 떠오르
는 보름달을 보며 저마다 소원을 빌었습니다.

정월대보름 무렵에 하는 세시풍속으로는 달맞이 말고도
더위팔기(賣暑), 다리밟기(踏橋), 부럼 깨물기, 줄다리기, 복토
훔치기, 용알뜨기, 달집태우기, 지신밟기 같은 것들이 있습
니다. 이 가운데 복토 훔치기는 부잣집의 흙을 몰래 훔쳐다
자기 집의 부뚜막에 발라 복을 비손합니다. 또 용알뜨기는
대보름날 새벽에 가장 먼저 우물물을 길어오면 그해 운이
좋다고 믿었던 재미난 풍속이지요.

정월대보름엔 세시풍속 말고도 여러 가지 명절음식 곧

약밥, 오곡밥, 복쌈, 진채식(陳菜食), 귀밝이술 따위를 먹었습니다. 먼저 약밥은 찹쌀을 밤, 대추, 꿀, 기름, 간장 따위를 섞어서 함께 찐 뒤 잣을 박은 것으로 지방에 따라 오곡밥, 잡곡밥, 찰밥, 농사밥으로 대신하기도 합니다. 또 복쌈은 김이나 취잎, 배추잎과 같은 것들에 밥을 싸서 먹는 쌈을 말하며, 진채식은 고사리 · 호박고지 · 오이고지 · 가지고지 · 시래기 같은 나물을 물에 잘 불려서 삶아 무친 음식입니다. 이들 시절 음식은 겨우내 움츠렸던 몸에 활력을 넣어주는 슬기로운 먹거리들이지요.

▲ 대보름날 새벽에 가장 먼저 우물물을 길어와 풍년과 운수대통하기를 비손하는 용알뜨기 (그림 이무성 작가)

5.
제비를 맞이하며
봄을 즐기는
삼짇날

음력 3월 3일은 삼짇날로 예전엔 명절로 지냈습니다. 삼짇날은 강남 갔던 제비오는날, 삼질(삼짇날의 준말), 삼샛날, 여자(女子)의날, 삼중일(三重日), 삼진일(三辰日), 상사일(上巳日), 상제(上除), 원사일(元巳日), 중삼일(重三日), 답청절(踏靑節, 들에 나가 풀을 밟는 풍습의 날), 계음일 (禊飮日, 액막이로 모여 술을 마시는 날) 같은 이름으로도 불렸지요. 양의 수 3이 겹치는 삼짇날은 파릇파릇한 풀이 돋고 꽃들이 피어 봄기운이 완연하기에 이날은 봄에 걸맞은 모든 놀이와 풍속이 집중되어 있습니다.

삼짇날은 9월 9일에 강남으로 갔던 제비가 옛집을 찾아와서 추녀 밑에 집을 짓고 새끼를 치며, 꽃밭에는 나비도 날아듭니다. 이날 마을 사람들이 산으로 놀러 가는데, 이를 화류놀이, 화전놀이, 꽃놀이 또는 꽃다림이라고 하며, 대개 비슷한 연배끼리 무리를 지어 가서 화전을 비롯한 음식들을 먹고 하루를 즐깁니다. 또 이날 절에 가서 부처님께 공양을 드리기도 하지요.
그밖에 이날 흰나비를 보면 그해 상복을 입게 된다고 하여

불길하게 생각하며, 호랑나비나 노랑나비를 보면 그해 운수가
좋다고 여깁니다. 삼짇날에는 겨울잠을 자던 뱀도 나오는데
이날 뱀을 보면 좋지 않다고 해서 꺼립니다. 또 이날 장을
담그면 맛이 좋고, 호박을 심으면 잘 되고, 약물을 마시면 그해
무병하고, 평소에 하지 못하던 집 안 수리를 해도 무탈하다고
여기지요.

▲ 진달래 피는 삼짇날, 제비가 돌아온다 (그림 이무성 작가)

6.
단오 명절,
이웃에 부채를
선물할까?

▲ 붓글씨로 '생각만해도 참 좋은 당신'이라고 쓴 쥘부채
(이영순 작가의 작품)

장장채승(長長彩繩:오색의 비단실로 꼰 긴 동아줄) 그넷줄
휘늘어진 벽도(碧桃, 선경[仙境]에 있다는 전설상의 복숭아)
까지 휘휘 칭칭 감어 매고 섬섬옥수(纖纖玉手) 번듯 들어 양
그넷줄을 갈라 잡고 선뜻 올라 발 굴러 한 번을 툭 구르니 앞이
번 듯 높았네. 두 번을 구르니 뒤가 점점 멀었다. 머리 위에
푸른 버들은 올을 따라서 흔들 발밑에 나는 티끌은 바람을
쫓아서 일어나고 해당화 그늘 속의 이리 가고 저리 갈제

이는 판소리 춘향가 가운데서 춘향이가 그네 타는 장면
인데, 그네뛰기는 단옷날의 으뜸 민속놀입니다. 단오는,
설날·한식·한가위와 함께 4대 명절로 즐겼지만 이제 그
명맥이 끊길 위기에 놓였습니다. 단오 세시풍속 가운데는

먼저 단오장(端午粧)이 있는데 이는 단옷날 아낙네들이 특별히 하는 화장을 말합니다. 아낙네들은 창포 뿌리를 잘라 비녀로 만들어 머리에 꽂아 두통과 재액(災厄)을 막고, 창포 삶은 물에 머리를 감아 윤기를 냈습니다. 또 단옷날 새벽 상춧잎에 맺힌 이슬을 받아 분을 개어 얼굴에 바르면 버짐이 피지 않고 피부가 고와진다고 생각했지요.

또 동지에 달력을 선물하는 것과 함께 하선동력(夏扇冬曆)이라 하여 단오에 부채를 선물하는 아름다운 풍습이 있습니다. 해마다 단오에 공조(工曹)에서는 부채를 만들어 임금께 진상(進上)하는데 임금은 이 부채에 자연 경치, 꽃, 새 따위 그림을 그려 신하들에게 나눠 주었지요. 그리고 백성들도 이웃에게 부채를 선물하는 데 이렇게 부채를 선물하는 풍습은 더위 타지 말고 건강하게 지내라는 뜻이 담겨 있습니다.
요즘이야 에어컨으로 여름 나는 세상이지만 옛 풍습을 새길 겸 부채를 이웃에게 선물하면 어떨까요?

7.
동쪽으로 흐르는 물에
머리 감는 날
유두절

우리 겨레는 음력 6월 15일을 유두(流頭)라 하여 명절로 지냈습니다. 유두는 유두날이라고도 하는데, 동류두목욕 (東流頭沐浴)의 준말입니다. 이것은 가장 원기가 왕성한 곳인 동쪽으로 흐르는 물에 목욕을 한다는 뜻이지요.

이렇게 머리를 감고 목욕하면 액을 쫓고 여름에 더위를 먹지 않는다는 믿음을 가졌습니다. 유두를 신라 때 이두로 소두(머리 빗다), 또는 수두라고도 썼는데 수두란 물마리 (마리는 머리의 옛말)로 물맞이라는 뜻입니다. 요즘도 경상도에서는 유두를 물맞이라고 부르지요.

유두에 관한 기록을 보면 신라시대 때부터 명절로 지냈을 것으로 짐작됩니다. 13세기 고려 희종(熙宗) 때의 학자인 김극기(金克己)의 《김거사집(金居士集)》에는 "동도(東都, 경주)의 풍속에 6월 15일 동쪽으로 흐르는 물에 머리를 감아 액(厄)을 떨어버리고 술 마시고 놀면서 유두잔치를 한다"라는 기록이 있습니다. 근대에 보면 최남선의 《조선 상식(朝鮮常識)》 풍속 편에 여자들의 물맞이 장소로, 서울의 정릉 계곡, 광주의 무등산 물통폭포, 제주도의 한라산 성판봉

폭포 따위를 꼽았지요. 또 1977년에 펴낸 이승만의 《풍류세시기》에는 소나무숲과 물이 좋은 악박골, 사직단이 있는 활터 황학정 부근과 낙산 밑 따위가 좋은 곳이라고 했습니다. 이를 보면 근대까지도 유두는 명절로 지낸 것이 분명합니다.

유두날 풍속으로 물맞이 말고 대표적인 풍속은 유두천신(流頭薦新)이지요. 이는 유두날 아침 유두면, 상화떡, 연병, 수단, 건단과 피, 조, 벼, 콩 따위의 여러 가지 곡식을 참외나 오이, 수박 따위와 함께 사당에 올리고 제사를 지내는 것을 말합니다. 옛날에는 햇과일이 나도 자기가 먼저 먹지 않고 조상에게 올린 다음에 먹었습니다. 농촌에서는 시루떡을 하고 참외나 기다란 생선 따위로 음식을 장만하여 논의 물꼬와 밭 가운데에 차려놓고 농사신에게 풍년을 비는 고사를 지냅니다. 그리고 자기의 논밭 하나, 하나마다 음식물을 묻은 다음 제사를 마치지요. 또 유두날 선비들은 술과 고기를 장만하여 계곡이나 정자를 찾아가서 시를 읊으며 하루를 즐기는 유두연(流頭宴)을 했습니다

▲ 유두에 먹는 음식들 (왼쪽부터 시계방향으로 편수, 밀쌈, 미만두, 상화떡)

8.
호미씻이하고,
들돌 드는 백중날

▲ 백중날 농사가 가장 잘 된 집의 머슴을 뽑아 소에 태워 마을을 돌았다
(그림 이무성 작가)

음력 7월 15일은 예전에 명절로 지냈던 백중(百中)입니다. 다른 이름으로는 백종(百種), 머슴날, 망혼일(亡魂日), 머슴 생일, 중원(中元), 호미씻는날, 축수한날, 머슴명일, 상놈명절도 있습니다. 백중은 세벌 김매기가 끝난 뒤 여름철 농한기에 휴식을 취하는 날로 농민들이 음식과 술을 나누어 먹으며 백중놀이를 즐기면서 하루를 보냈지요.

백중은 한마디로 먹고 마시고 놀면서 하루를 보내는 날인데 이날의 놀이는 두레먹기가 두드러집니다. 두레먹기는 두레 일꾼들이 모처럼 일의 피로를 풀어내는 잔치로 백중놀이 는 지역에 따라 호미걸이, 호미씻이, 술멕이, 풋굿, 질먹기,

진서턱(진세턱)처럼 여러 이름으로 불립니다.

백중의 중요한 놀이에는 우물고사가 있으며, 머슴들에게는
백중빔이라고 하여 새 옷을 장만해 주고, 모처럼 휴가를 주어
백중장에서 즐기도록 하였습니다.

또 머슴들은 장터에 가서 씨름대회에 참가하였고, 씨름에
이기면 송아지를 끌고서 기세를 올리면서 자기 마을로 돌아
왔지요. 특히 경기도 지방에서는 호미걸이를 했는데 호미나
악기를 농기구의 버레줄(물건이 버틸 수 있도록 이리저리
얽어매는 줄)에 주렁주렁 걸어두었습니다. 호남이나 호서,
제주도 지방은 들돌들기를 합니다. 들돌들기는 백중날 마을
청장년들이 당산나무 밑에 모여 힘을 겨뤄 장사를 뽑는 것이
지요. 들돌들기는 지방에 따라 들독들기, 등돌들기, 진쇠돌
들기, 당산돌들기, 힘발림이라고도 합니다.

9.
토종 연인의 날
칠월칠석

밤한울 구만리엔 은하수가 흘은다오 / 구비치는 강가에는
남녀 두 별 있엇다오 / 사랑에 타는 두 별 밤과 낮을 몰으것다
/ 한울이 성이 나서 별하나를 쪼치시다 / 물건너 한편 바다
떠러저 사는 두 별 / 추야장(秋夜長) 밤이길다 견듸기 어려워라
/ 칠석날 하로만을 청드러 만나보니 / 원수의 닭의소리
지새는날 재촉하네 / 리별이 어려워라 진정으로 난감하다 /
해마다 눈물흘러 흔하수만 보태네

이는 1934년 11월에 나온 〈삼천리〉 잡지에 실린 월탄
박종화의 '견우직녀' 시입니다. '하늘이 성이 나서 별 하나를
쫓으시다'라는 말이 재미납니다. 그런데 까마귀와 까치가
오작교를 만들려고 하늘로 올라갔기 때문에 한 마리도 보이지
않는 칠월칠석만 되면 유달리 비가 내리곤 합니다.
다만 언제 내리냐에 따라 그 비의 이름은 다릅니다. 칠석
전날에 비가 내리면 견우와 직녀가 타고 갈 수레를 씻는
세거우(洗車雨)라고 하고, 칠석 당일에 내리면 만나서 기뻐
흘린 눈물의 비라고 하며, 다음 날 새벽에 내리면 헤어짐의
슬픔 때문에 쇄루우(灑淚雨)가 내린다고 합니다.

칠월칠석 아낙네들은 장독대 위에 정화수를 떠 놓거나 우물

물을 퍼내 깨끗이 한 다음 시루떡을 놓고 식구들이 병 없이 오래 살고 집안이 평안하게 해달라고 칠성신에게 빌었습니다. 또 처녀들은 견우성과 직녀성을 바라보며 바느질을 잘하게 해달라고 빌었는데 이것을 걸교(乞巧)라 했지요. 장독대 위에다 정화수를 떠 놓은 다음 그 위에 고운 재를 평평하게 담은 쟁반을 놓고 다음 날 재 위에 무엇이 지나간 흔적이 있으면 바느질 솜씨가 좋아진다고 믿었습니다.

또 이날은 시집가는 날 신랑 신부가 함께 합환주를 마실 표주박 씨를 심고, '짝떡'이라 부르는 반달 모양의 흰 찰떡을 먹으며 마음 맞는 짝과 결혼하게 해달라고 빌었습니다. 그래서 우리는 칠석을 토종 연인의 날이라고 부르지요.

▲ 북한 덕흥리 고분의 견우직녀 벽화

10.
거북놀이와
밭고랑기기,
한가위 세시풍속들

우리 겨레의 가장 큰 명절 한가위에는 여러 세시풍속이 있습니다. 그 가운데는 거북놀이라는 것이 있는데 이는 수수 잎을 따 거북이 등판처럼 엮어 등에 메고, 엉금엉금 기어 거북이 흉내를 내는 놀이입니다. 이 거북이를 앞세우고 "동해 용왕의 아드님 거북이 행차시오!" 라고 소리치며, 풍물패가 집집이 방문하지요. 대문을 들어서면서 문굿으로 시작하여 마당, 조왕(부엌), 장독대, 곳간, 마구간, 뒷간 그리고 마지막 에는 대들보 밑에서 성주풀이를 합니다.

조왕에 가면 "빈 솥에다 맹물 붓고 불만 때도 밥이 가득, 밥이 가득!" 마구간에 가면 "새끼를 낳으면 열에 열 마리가 쑥쑥 빠지네!" 하면서 비나리를 하지요. 이렇게 집집이 돌 때 주인은 곡식이나 돈을 형편껏, 성의껏 내놓는데 이것을 공동기금으로 잘 두었다가 마을의 큰일에 씁니다.
이처럼 거북이놀이와 성주풀이는 풍물굿과 함께하는 아름다운 세시풍속의 하나입니다.

또 재미있는 놀이로 전남 진도의 밭고랑기기가 있지요.

밭고랑기기는 한가위 전날 저녁에 아이들이 밭에 가서 발가벗고, 자기 나이대로 밭고랑을 깁니다. 이때 음식을 마련해서 밭둑에 놓기도 하는데 이렇게 하면 그 아이는 몸에 부스럼이 나지 않고 밭농사도 잘된다고 믿었습니다. 그밖에 한가위가 지난 다음 친정어머니와 시집간 딸이 때와 장소를 미리 정하고 만나는 반보기도 이때의 세시풍속이지요.

한가위에 휘영청 높이 뜬 둥그런 달 만큼이나 넉넉한 마음으로 보내던 명절 풍속은 이제 보기 어려운 정경입니다.

▲ 한가위 세시풍속 거북놀이 (그림 이무성 작가)

11.
중양절,
국화전을
부쳐 먹을까?

가을이 되고 국화 향기가 그윽해지면 우리 겨레가 명절로 지내왔던 중양절(重陽節, 重九)이 있습니다. 그 중양절 무렵에는 국화전(菊花煎)을 지지고 국화술을 담가 먹었는데 국화술은 그 향기가 매우 좋아 많은 사람이 즐겼습니다. 가난한 사람들은 막걸리에 노란 국화를 띄워 마셨지요.

이 무렵엔 추어탕(鰍魚湯)을 즐겨 먹었습니다. 미꾸라지 추(鰍) 자를 보면 가을 추(秋) 자 앞에 고기 어(魚) 자를 붙인 것으로 보아 미꾸라지가 가을이 제철인 물고기 임을 알 수 있습니다. 명나라 이시진이 쓴 약학서 《본초강목》에는 미꾸라지가 양기를 돋우는 데 좋다고 기록되어 있지요.

음력 9월 9일을 중양절(重陽節), 또는 중구일(重九日)이라 했는데 여기서 중양이란 음양사상에 따라 양수(홀수)가 겹쳤다는 뜻이며, 중구란 숫자 '9'가 겹쳤다는 뜻으로 양수가 겹친 날인 설날·삼짇날·단오·칠석과 함께 명절로 지냈습니다. 신라 때에는 중양절에 임금과 신하들이 함께 모여 시를 짓고 품평하는 일종의 백일장을 열었습니다.

또 중양절에는 붉은 수유 열매를 머리에 꽂고 산에 올라 시를 지으며 하루를 즐기는 풍습이 있었는데, 이를 등고(登高)라고 하지요. 옛사람들은 수유 열매가 붉어서 귀신을 쫓는다고 믿었습니다.

▲ 중양절, 산수유 열매를 꽂고 산에 올라가 국화주를 마시고, 국화전을 먹는다
(그림 이무성 작가)

12.
조선시대 돌잔치는
어떤 모습이었을까?

코로나19라는 돌림병으로 사회적 거리두기를 하기 전까지는 대형뷔페나 호텔 연회장에서 돌잔치 하는 모습을 종종 볼 수 있었습니다. 그 돌잔치는 어김없이 돌상이 차려지고 아이가 맨 처음 잡는 물건에 부모들은 물론이고, 잔치에 참석한 사람 모두의 눈이 쏠려 있음은 말할 것도 없었지요. 보통 돌잡이라고 하는 것으로 먹, 책, 실, 종이, 활, 돈 등을 놓습니다. 그런데 조선시대의 돌잔치는 어땠을까요?

조선시대 화원 김홍도의 그림에 "돌잔치"라는 것이 있는데 이 그림은 〈모당 홍이당 8첩 평생도〉를 그린 그림 가운데 하나입니다. 물론 이 그림에는 선명하지 않지만, 조선시대 에도 돌잡이를 하던 모습을 확인할 수 있습니다.
대신 조선시대에는 사내아이냐 계집아이냐에 따라 돌상에 올려지는 물건이 조금 차이가 납니다. 먼저 책·붓·벼루· 먹·흰실타래·대추 등은 함께 오르지만, 활과 장도는 사내아이 돌상에, 바늘·가위·인두 따위는 계집아이의 돌상에 올랐습니다. 이때 사내아이가 활과 장도를 먼저 잡으면 무관이 되리라 예측하고, 계집아이가 바늘이나 가위를 먼저 잡으면 바느질 솜씨가 좋으리라 여겼지요.

그런데 이 그림 속 돌잔치에 참석한 사람은 그다지 많지 않습니다. 아이 돌잔치를 좀 더 많은 사람이 와서 축하해 줘야 체면이 선다고 생각하는 요즘 정서에 견주면 아이의 할아버지와 아버지가 높은 벼슬을 한집안의 돌잔치가 이 정도라는 것은 이해가 되지 않지요.

당시는 아이가 태어나서 21일째 되는 삼칠일에 겨우 친척과 이웃에게 얼굴을 보여주고 돌이 되어서도 친척들만 모여 조촐하게 지내는 것이 상례였습니다. 자라서 혼례식을 치르게 되면 그제야 아이가 죽을 고비는 넘겼다고 보고 동네방네에 알려서 큰 잔치를 한 것이지요.

▲ 조선시대 돌잔치 모습을 그린 김홍도의 〈모당 홍이상공의 일생〉 가운데 돌잔치
(국립중앙박물관 소장)

13.
조선시대
새내기 괴롭힘
신참례

대면식은 선배들과 마주 앉은 뒤 선배 이름을 모르면 벌주로 종이컵에 소주를 한 잔씩 마시는 방식으로 진행된 것으로 알려졌다. 경찰과 유족에 따르면 술을 전혀 못 하는 ㄱ 씨는 이날 '선배 이름을 모른다', '예의가 바르지 않다'라는 등의 이유로 모두 8잔의 벌주를 마셨다. 이후 몸을 가누지 못할 정도로 만취해 친구들의 부축을 받아 귀가한 것으로 전해졌다. 그러나 이튿날 오전 학교에 오지 않는 것을 이상히 여긴 친구들이 ㄱ 씨의 자취방을 찾아갔고, 잠긴 문을 열쇠 업자를 불러 열어 보니 ㄱ 씨는 이미 숨진 상태였다.

이는 "또… 사람잡은 대학가 '술판 신고식'"이라는 제목의 동아일보 2010년 5월 12일 치 기사입니다.
이렇게 새내기를 괴롭히는 허참례(許參禮) 또는 신참례(新參禮) 이름의 신고식이 조선시대에도 있었습니다.
성현(成俔)의 《용재총화(慵齋叢話)》에는 신참에게 연못에 들어가 물고기를 잡게 하는데 사모(紗帽, 벼슬아치들이 쓰던 검은 예모)로 물을 퍼내게 해 의복이 모두 더러워지게 만들었다는 내용이 있습니다. 또 부엌 벽을 문질러 두 손에 옻칠한 듯 검게 만드는 거미잡이 놀이를 한 뒤 손을 씻은 새카만 물을 마시게 했다는 등 새내기를 괴롭히는 얘기가 나옵니다.

율곡 이이는 "선비는 과거 자체를 그리 대단하게 여기지 않는데, 하물며 갓을 부수고 옷을 찢으며 흙탕물에 구르게 하는 등 체통을 깡그리 잃게 해 염치를 버리게 한 뒤에야 받아들이니, 어느 선비가 세상에 쓰이기를 원하겠는가?"라고 지적할 정도였지요. 신참례의 폐단이 점점 심해지자 조정에서는 기본법전인《경국대전》에 '신래(新來, 새내기)를 괴롭히고 학대하는 자는 장(杖) 60대에 처한다'라고 규정했지만, 신참례를 완전히 막을 수는 없었습니다. 새내기를 선배들이 환영하고 이들이 잘 적응할 수 있도록 하는 좋은 의미의 신참례 문화가 아쉽습니다.

▲ 조선시대 신참례, 신참에게 연못에서 사모로 물을 퍼내게 했다
(그림 유주연 작가)

14.
서양엔 구세주신앙,
우리나라엔
미륵신앙

선종(善宗)이 미륵불(彌勒佛)을 자칭하며 머리에 금색 모자를 쓰고 몸에 방포를 입었으며, 큰아들을 청광보살(靑光菩薩), 막내아들을 신광보살(神光菩薩)이라 했다. 바깥나들이 할 때는 항상 백마를 타고 채색 비단으로 말갈기를 장식하고, 남자아이와 여자아이로 일산과 향화(香花)를 받들게 해 앞에서 인도했으며, 승려 200여 명으로 범패(梵唄, 석가여래의 공덕을 찬미하는 노래)를 부르면서 뒤를 따르게 했다.

이는 《삼국사기》 권 50, 궁예 편에 나오는 기록으로 남북국시대(통일신라) 후기에 후고구려(뒤에 태봉)를 세운 궁예는 늘 자신을 미륵불(彌勒佛)이라고 했다고 하지요.

고려말, 조선초에 향나무를 바닷가 개펄에 묻어두는 매향의식(埋香儀式)이 있었는데 그것은 그때 자주 출몰하던 왜구의 침탈에 고통을 받던 백성들이 자신들을 구원해줄 미륵이 오시기를 간절히 비는 뜻을 담았습니다. 이 미륵신앙은 시골길을 걷다가 문득 풀숲 사이로 나타나는 미륵상이나 절에 모셔진 미륵보살상으로 나타나는데 근세 우리나라에서 생긴 증산교, 용화교 등도 미륵신앙이지요.

어느 시대든 지배자와 억압받는 사람들은 있게 마련입니다. 그래서 그 억압받는 사람들은 누군가 구해주기를 바랄 수밖에 없었습니다. 그렇게 억압받는 민중의 바람이 신앙의 형태로 나타난 것이 바로 미륵신앙(彌勒信仰)입니다. 미륵신앙은 서양 기독교의 구세주 신앙과 비슷하지요.

"님이 오셨다, 사랑이 오신 게다 / 내 속으로 미륵이 쳐들어 오신 게다 / 내장 다 빼내 던져버리고 / 들어와 앉아 계신 / 불덩어리 둥근 달이여 / 그토록 기다리던 미륵 아닌가" (김종제 시인의 '미륵 오셨다'에서) 모두가 기쁨에 들뜨는 성탄전야, 우리나라엔 전통적으로 '미륵신앙'이 있었음도 생각했으면 합니다.

▲ 수더분하게 생긴 국보 금동미륵보살반가사유상 (국립중앙박물관 소장, 왼쪽), 제주도 건입동의 동복신미륵(東福神彌勒)

15.
한여름 밤,
도깨비와 함께
막걸리를

새집으로 이사 온 밤
비 오고 바람 불고 천둥하던 밤
뒷산에 뒷산에 도깨비가 나와
우리 집 집웅에 돌팔매질하던 밤
덧문을 닫고 이불을 쓰고
엄마하고 나하고 마조 앉어 덜덜 떨다가
잘랴고 잘랴고 마악 들어누우면 또
탕 탕 떼구루루-퉁!

위는 잡지 〈동광〉 제39호(1932.11.01)에 실린 윤석중의
동화시 '도깨비 열두형제' 입니다. 열대야 때문에 잠 못 이루는
긴긴 여름밤 어릴 적 모깃불 놓고, 옥수수를 쪄먹으며 도깨비
이야기 같은 옛날이야기 따위를 듣던 일들이 생각이 납니다.
도깨비이야기에서 나오는 도깨비 모습을 보면 키가 팔대장
같은 놈, 커다란 엄두리 총각, 다리 밑에서 패랭이 쓴 놈, 장승
만한 놈이라고 표현합니다. 예전 우리에게 전승되던 도깨비
이야기를 보면 도깨비의 모습도 우리와 친근하지만, 성격은
더 그렇습니다.

도깨비가 좋아하는 것 가운데는 씨름이 있지요. 장에 나갔다가

술에 거나하게 취해서 돌아오는 사이 도깨비와 씨름했다는 이야기는 우리가 어렸을 적 많이 듣던 이야기입니다. 대개는 밤새워 씨름하다가 새벽이 되어서 왼발로 걸어 도깨비를 쓰러뜨려서 나무에 묶어 놓고 집으로 돌아옵니다. 다음 날 아침에 가보면 묶어져 있는 것은 빗자루몽당이나 도리깨 장치 따위였다고 하지요. 도깨비는 씨름 말고도 술과 여자 그리고 메밀묵과 수수팥떡, 막걸리를 좋아합니다.

그런데 도깨비는 자신에게 해를 끼치지 않으면 절대 해코지하지 않습니다. 대신 따돌림을 당하면 화를 내고, 체면을 중시하는가 하면 말피를 가장 무서워합니다. 또 대체로 인간적이며, 교훈적입니다. 또 현실에서 실현하지 못하는 사람의 욕망을 대리만족하도록 도와주기도 합니다. 그런데 예전 그림책의 도깨비를 보면 머리에 뿔이 하나 달리고 커다란 도깨비방망이를 들고 있으며 포악하기도 했습니다. 그건 우리 도깨비가 아니라 뿔 하나 달린 일본 도깨비 '오니(鬼)'지요.
일제강점기를 거치는 동안 우리의 옛날이야기에도 일제가 스며들어 있는 것입니다. 열대야에 잠 못 드는 밤 한국의 도깨비와 함께 막걸리라도 마셨으면 좋겠습니다.

▲ 경주 불국사 도깨비 무늬 문고리 (왼쪽, 크라우드픽 제공)
고려시대의 토기 (국립경북대박물관 소장)

16.
조선 후기
숙박시설
주막 이야기

요즘이야 어디를 가도 머물고 잠을 잘 수 있는 숙박시설이 얼마든지 있습니다. 하지만 예전 조선시대에는 여행하는 사람들이 많지 않던 시절이라 역시 잠을 잘 만한 곳이 마땅치 않았습니다. 나랏일로 여행을 하는 사람들은 역마와 숙식의 편의를 제공하기 위해 설치한 시설로 역(驛)이 있었지만, 일반인들을 위한 퇴계원, 혜음원, 인덕원, 다락원 따위 원(院)은 땔나무나 마실 물밖에 줄 수 없는 열악한 곳이었지요. 침구는 물론 장과 소금에 절여 말린 청어도 갖고 다녀야 했고, 심지어 가지고 간 쌀로 밥도 지었으며, 불을 밝히기 위한 관솔도 갖고 다녀야 했을 정도였다고 합니다.

그런데 18세기 무렵이 되면 교통 요충지 큰길가나 나루터 주변, 산기슭에 주막이 생겨났습니다. 그러나 그때에도 주막은 잠자리와 식사, 말먹이만을 해결할 수 있었고, 오직 흙바닥에 자리를 깔아 놓은 채 대개는 여러 명이 한방에서 뒤엉켜 자야 했습니다. 그 때문에 주막에 드는 사람들의 짐보따리에는 옷은 물론 세면도구, 비상식량에 요와 이불까지 함께 들어있을 정도였지요.

조선시대의 주막(酒幕)은 '술막'이라고도 했는데, 잠자리는 제공하지 않고 먹거리만 내놓는 간이 주막들도 꽤 있었다고 합니다. 그래서 18세기 김홍도나 김득신이 그린 풍속화를 보면 길가 밥집에서 주모가 부뚜막에 솥 하나를 걸어놓고 국밥을 파는 모습이 보입니다. 그리고 그때는 주막에 간판이 있을 리 없고 술 거르는 용수를 높이 걸어놓거나 '주(酒)' 자를 쓴 등을 걸어 그곳이 주막이라는 것을 알릴 정도였습니다. 그리고 보면 어디를 가나 깔끔한 숙소를 만날 수 있는 지금은 참으로 편한 세상입니다.

▲ 김홍도 〈단원 풍속도첩〉,
'주막'에 국밥을 파는 주모와 손님의 모습이 보인다 (국립중앙박물관 소장)

▲ 조선풍속엽서 '주막', 일제강점기 (국립민속박물관 소장)

17.
추억의 말뚝박기,
그때가
그립습니다

▲ 통영시 동피랑마을에 그려진 말뚝박기 벽화

기댈 수 있는 기둥이나 벽만 나오면 우리는 으레 말뚝박기 했다. 그런데 가위바위보를 못 하는 녀석과 짝이 되면 늘 말이 되어야 했다. 또 상대편에 덩치 크고 뛰어오르기 잘하는 녀석이 있으면 이건 완전 죽음이다. 오늘은 말만 했지만, 내일은 가위바위보를 잘해 신나게 말을 타봐야지

이는 한 블로그에 나오는 추억의 말뚝박기 이야기입니다. 예전 컴퓨터가 없던 시절 아이들은 모이기만 하면 말뚝박기를 했습니다. 지방에 따라선 말타기라고도 했던 이 놀이는 남자아이들이 두 패로 나뉘어 한쪽은 말이 되고 다른 한쪽은 이 말에 올라타고 노는 놀이였지요. 먼저 양쪽에서 각기 대장

을 뽑아 가위바위보를 한 다음 진 쪽이 말이 되는데 대장이
담벽 같은 데에 기대서고 어린이들은 허리를 굽힌 자세로 앞
사람의 허벅지를 꽉 붙잡고 잇달아 말이 되었습니다.

이긴 쪽 아이들은 차례로 멀리서부터 달려와 앞쪽으로부터
말을 타 나가지요. 이때 말이 쓰러지면 몇 번이고 새로 말을
만들어야 하며, 말을 타다가 한 사람이라도 떨어지면 그쪽이
말이 되어야 합니다. 그래서 말을 타는 쪽에서는 어떻게든지
말을 무너뜨리려고 일부러 험하게 말을 타는데 말은 무너지지
않으려고 이를 악물고 버팁니다. 또 맨 뒷말은 끊임없이
발길질해서 상대방이 올라타기 어렵게 하지요. 시간 가는 줄
모르고 놀았던 추억의 말뚝박기 그때가 그립습니다.

18.
조선시대
문서에도 수결
곧 사인을 했다

요즘은 은행에 가도 도장 대신에 서명 곧 사인(sign)을 합니다.
그런데 우리 조선시대에도 이와 비슷한 수결(手決)이 있었는데
수결은 주로 관직에 있는 사람들이 증명이나 확인을 위하여
문서의 자기 이름이나 직함 밑에 도장 대신 붓으로 글자를
흘려 쓰는 일이나 그 글자를 말하는 것입니다. 그런데 수결은
주로 일심(一心) 두 글자를 담고 있습니다. 곧, 수결의 특징은
一자를 길게 긋고 그 위아래에 점이나 동그라미 따위 기호를
더하여 자신의 수결로 정하는 것으로, 일심 2자(字)를 그 안에
담고 있습니다. 이는 결제를 하는데 있어서 오직 한마음으로
하늘에 맹세하고 조금의 사심도 갖지 않는다는 뜻을 드러
냅니다.

수결에 관해 전해오는 재미난 이야기는 오성부원군(鰲城
府院君) 이항복과 관계된 것이 있습니다. 이항복의 수결은
다만 一자만 쓰여 있을 뿐 그 위아래에 아무런 점도 없었지요.
그런데 이항복의 수결이라고 하는 문서가 나왔고, 이 문서가
이항복의 것이냐를 두고 시끄러웠습니다. 하지만 이항복의
수결에는 一자 왼쪽과 오른쪽 끝에 바늘구멍이 뚫려 있음이

확인되어 문서의 진위는 곧 가려졌다고 합니다. 문서를
위조한 사람은 설마 바늘구멍이 있는 줄은 몰랐던 것이지요.

수결은 다른 말로 서압(書押), 수례(手例), 수압(手押), 화압
(花押)이라고도 하며, 임금의 것은 어압(御押)이라고 하지요.
또 호적처럼 많은 문서에 서명해야 할 때는 직접 붓으로 쓰지
아니하고 나무도장으로 수결을 새겨 찍은 경우들도 있습니다.
그러나 이 수결은 선비들에게만 해당되는 얘기로 글자를
모르는 백성들은 자신의 손바닥을 찍는 수장(手掌)을, 노비는
왼손 가운뎃손가락의 첫째와 둘째 마디 사이의 길이를 재어
그림으로 그려 놓은 수촌(手村)을 썼습니다.

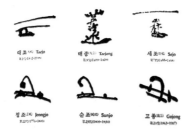

▲ 조선시대 임금들의 수결 / 태조, 태종, 세조, 고종, 순조, 정조 (왼쪽부터 시계방향)

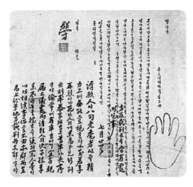

▲ 양자 삼는 것을 허가해달라는 청원서로 손바닥 모양 수결이 보인다.
(2004년 국민대박물관 '조선의 사인전')

19.
발신자·수신자 모르는
조선시대 청탁 편지

전경목이 쓰고, 한국학중앙연구원 출판부가 펴낸《옛편지로
읽은 조선사람의 감정》에는 발신자와 수신자를 알 수 없는
편지 한 장이 있습니다. 원래 편지란 발신자와 수신자가 분명
하게 드러나는 글이지만, 이 편지의 끝에 보면 '누제(纍弟)가
이름을 쓰지 않은 채 머리를 조아려 아룁니다'라고 썼습니다.
누제(纍弟)는 귀양살이하는 사람이 자신을 낮추어 부르는 말로
죄인이기에 자신의 성이나 이름을 밝히지 않는 것입니다.

또 편지의 내용을 보면 귀양살이하는 사람이 지인에게 관찰사
의 농락으로 유배지를 급하게 옮기게 되었다며, 하룻길을 갈
노비와 말을 빌려달라고 부탁하고 있습니다. 지금이야 죄수가
교도소에 있을 때나 이감하는 때는 모두 나라가 비용을 부담
하지만, 조선시대에는 이처럼 유배 가거나 유배지를 옮길 때
거기에 필요한 말과 하인 그리고 여러 비용을 당사자가 스스
로 마련해야 했습니다.

그런데 웬만큼 부유하지 않고서는 이를 조달하기가 쉽지 않
지요. 더군다나 유배지는 교통이 발달하지 않고, 장도 서지
않는 궁벽한 곳이어서 생활용품을 구하기가 무척 어려웠습
니다. 그래서 가까운 곳에 근무하는 수령이나 근처에 사는

지인에게 편지를 보내 도움을 청해야 했지요. 더구나 유배자들은 평소 걷는 것이 익숙하지 않은 벼슬아치 출신이기에 유배지를 옮길 때 노비와 말이 없으면 그 고초가 이루 말할 수 없었고, 나졸로부터 멸시와 학대를 받아야 했습니다. 이렇게 우리는 조선시대 편지 한 장으로도 당시의 풍속을 짐작해볼 수 있습니다.

▲ 한 유배자가 지인에게 보낸 간찰, 갑자년 12월 1일 (한국학중앙연구원 제공)

20.
모두 하나 되면서
마음을 치유하는
지신밟기

"아따 그 물 맛있다 꿀떡꿀떡 마시고
아들 낳고 딸 낳고 미역국에 밥먹자"
(전북 남원시 보절면 괴양리풍물굿),

"정제구석도 니구석 방구석도 니구석 마래구석도
니구석 삼사십이 열두구석 잡귀잡신 물러라"
(전남 진도근 소포풍물굿)

새해 정초에는 마을에 요란한 풍물소리가 울려 퍼지며 지신
밟기를 합니다. 그러면서 풍물패 상쇠는 위와 같은 비나리를
하지요. 지신밟기는 정초에 집안에서 집을 지켜주는 지킴이
신들을 섬기며, 그 노고를 위로하고, 더 잘 지켜 달라고 부탁
하는 의례입니다. 복이 들어오기를 비손하는 문굿에서부터
시작해, 조왕신(부엌을 지키는 신)을 모시는 조왕굿, 집안 음식
의 시작 장독대의 철륭굿, 우물에서의 용왕굿, 집터에 좋은
기운을 주는 터주굿, 집안 신들 가운데 가장 웃어른 성주신을
모시는 성주굿 따위를 하게 됩니다.

조선시대 민간에서 행하였다는 기록이 성현(成俔)의《용재총화

《慵齋叢話》2권에 나오고 1930년대의 세시풍속을 기록한 오청(吳晴)의 《조선의 연중행사》에도 지신밟기에 대한 상세한 기록이 있습니다만 구체적으로 언제부터 지신밟기를 했는지는 알 수가 없습니다. 이웃의 복을 빌어주고 먹을 것을 나누며, 풍물을 치면서 뒤엉켜 신명 나게 노는 지신밟기는 마을공동체 모두 하나가 되면서 사람들 마음을 치유하는 과정이라고 할 수 있습니다. 다만, 요즘 도회지에서의 지신밟기는 도시민들의 이해 부족과 밟아줘야 할 마당이 없어 참 어렵습니다.

▲ 경복궁 들머리에서 신명나게 풍물굿을 하는 임실필봉굿패

●

한국인이 알아야 할 한국문화 이야기

제 2 장

24절기
세시풍속과 철학

1.
입춘엔 입춘방 붙이고
적선공덕행 하기

▲ 토박이말 입춘방 '들봄한볕 기쁨가득'(사, 토박이말바라기) 왼쪽,
영덕 괴시마을의 한 집 대문에는 神茶鬱壘(신다울루) 입춘축이 붙어있다

선비들은 동지 때부터 구구소한도(九九消寒圖), 곧 매화 아홉
송이를 아홉 줄, 81송이를 모두 그려놓고 붉은색을 칠해가는
데 이걸 모두 마치면 드디어 기다렸던 봄이 온다고 생각했습
니다. 그게 바로 24절기의 시작 입춘(立春)이지요.

입춘이 되면 각 가정에서는 입춘축(立春祝)을 대문이나 문설주
에 붙입니다. 입춘축을 다른 말로는 춘축(春祝)·입춘서(立春書)
·입춘방(立春榜)·춘방(春榜)이라고도 합니다. 입춘날 입춘축
을 붙이면 "굿 한 번 하는 것보다 낫다"라고 하며, 전라도에서
는 입춘축 붙이는 것을 "봉사가 독경하는 것보다 낫다"고 하여
빠지지않고 입춘축을 붙이는 풍속이 있었습니다.

입춘축에 주로 쓰이는 글귀는 입춘대길 건양다경(立春大吉

建陽多慶)인데 이는 "입춘에는 크게 좋은 일이 생기고, 새해
에는 기쁜 일이 많기를 바랍니다"라는 뜻이구요. 또 "산처럼
장수하고, 바다처럼 부유해지기를 바랍니다"라는 뜻의 수여산
부여해(壽如山 富如海), "땅을 쓸면 황금이 나오고, 문을
열면 온갖 복이 들어오기를 바랍니다"라는 뜻의 소지황금출
개문백복래(掃地黃金出 開門百福來) 같은 것들도 씁니다.

그런가 하면 귀신을 쫓는 글인 神荼鬱壘(신다울루)를 써서
붙이기도 합니다. 신다와 울루, 이 두 신은 귀신들이 다니는
문의 양쪽에 서서 모든 귀신을 검열하는데 남을 해치는 귀신
이 있으면, 갈대로 꼰 새끼로 묶어 호랑이에게 먹인다고
믿었습니다.

또한 입춘 세시풍속 가운데는 특별한 적선공덕행도 있습니다.
적선공덕행(積善功德行)이란 많은 사람에게 도움이 되는 좋은
일을 꼭 해야 한 해 동안 액(厄)을 면한다고 믿은 것입니다.

예를 들면 밤중에 몰래 냇물에 징검다리를 놓거나, 거친 길을
곱게 다듬거나, 다리 밑 거지 움막 앞에 밥 한 솥 지어 갖다
놓는 것들을 말합니다. 그것도 드러내는 것이 아니라 몰래
해야만 합니다. 사람이 죽어서 상여 나갈 때 부르는 상엿소리
에 "입춘날 절기 좋은 철에 헐벗은 이 옷을 주어 구난공덕
(救難功德) 하였는가?"라고 묻습니다. 적선공덕행을 하지
않으면 그해 액이 생기고 염라대왕에게 심판받는다는 생각
까지 생각했던 것입니다. 새롭게 시작하는 24절기의 첫 번째
날 입춘은 어려운 이웃을 생각하는 아름다운 마음이 담겨
있는 날입니다.

2.
대동강 물도
풀린다는 우수

24절기의 둘째 우수(雨水)는 눈이 녹아서 비가 된다는 뜻이
들어있어서 이제 추운 겨울이 가고 드디어 봄을 맞게 된다는
뜻입니다. '우수 뒤에 얼음같이' 라는 속담이 있는데 이는
슬슬 녹아 없어짐을 이르는 뜻으로 우수의 성격을 잘 표현해
주고 있습니다. 이 무렵에 꽃샘추위가 잠시 기승을 부리지만
'우수 경칩에 대동강도 풀린다' 라는 속담이 있듯이 우수와
경칩일이 지나면 아무리 춥던 날씨도 누그러져 봄기운이 돌고
초목이 싹 트지요.

'꽃샘잎샘 추위에 반늙은이(설늙은이) 얼어 죽는다'라는 속담
이 있습니다. 계절에 나누는 전래의 인사에도 '꽃샘잎샘에
집안이 두루 안녕하십니까?' 라는 것도 있지요. 이 꽃샘추위
를 한자말로는 꽃 피는 것을 샘하여 아양을 피운다는 뜻을
담은 말로 화투연(花妬姸)이라 합니다. 하지만, 우수가 되면
봄기운이 서리기 시작하여 풀과 나무가 깨어나는 모습이 엿보
입니다. 이때는 논밭을 둘러보고 새해 농사 계획을 세우며,
삽질 한 번, 낫질 한 번으로 몸을 풀지요.

특히 이 무렵에는 농사일 한발 앞서 장을 담가야 합니다. 장 담그는 일은 각 가정에서 매우 중요한 일인데 이웃과 장이 얼마나 소중한가를 이야기하며 '쌀 있고, 장 있으면, 들에서 푸성귀 뜯어 먹고도 살 수 있다' 라는 말을 하지요. 장은 음력 정월 장을 으뜸으로 칩니다. 이때 장을 담그면 40일 뒤인 4월 청명과 곡우 사이에 장이 발효하기 좋은 날씨가 되어 장이 맛있게 잘 익는 것이지요. 또 이때는 신맛이 들기 시작하는 김치로 김치만두, 김치볶음밥, 김치전을 부쳐 먹기도 하며, 겨울을 이겨내며 올라오는 냉이, 달래, 봄동나물을 무쳐 먹는 봄맞이 계절입니다.

▲ 우수, 대동강물도 풀려 빨래하기 좋아 (그림 이무성 작가)

3.
경칩,
만물이 기지개 켜는 때

개구리가 / 칩거 생활에서 / 풀려나며 / 파안대소하네 이는 반기룡 시인의 <경칩>이라는 제목의 시입니다. 24절기 가운데 셋째는 경칩(驚蟄)입니다. 《동의보감(東醫寶鑑)》에는 "겨울 잠 자던 동물은 음력 정월에 활동하기 시작하는데, 절기로는 경칩에 해당하며, 음력 9월에는 겨울잠을 자기 시작하며 절기 로는 입동(立冬)에 해당한다"라고 기록되어 있습니다.

유교 경전 《예기(禮記)》 〈월령(月令)〉에는 "이월에는 식물의 싹 을 보호하고 어린 동물을 기르며 고아들을 보살펴 기른다" 라는 기록이 있습니다. 이는 경칩이 만물이 생동하는 시기 이므로 이를 보살피는 때임을 뜻합니다. 조선시대에 경칩 이후에는 갓 나온 벌레 또는 갓 자라는 풀을 상하지 않게 하려고 불을 놓지 말라는 금령(禁令)을 내리기도 했지요.

조선시대 왕실에서는 임금이 농사의 본을 보이는 적전(籍田) 을 경칩이 지난 해일(亥日)에 선농제(先農祭)와 함께 행하도록 정하였습니다. 《성종실록(成宗實錄)》에 "우수에는 삼밭을 갈고 경칩에는 농기구를 정비하며 춘분에는 올벼를 심는다"라고 기록되어 우수와 경칩은 새싹이 돋는 것을 기리고 본격적인 농사를 준비하는 중요한 절기임을 이야기해줍니다.

▲ 경칩, 겨울잠 자던 개구리도 깨어나고, 아가씨들은 나물 캐고 (그림 이무성 작가)

4.
아장아장
봄볕이 걸어오는
춘분

보름달처럼 떠오르고 싶어라. 당신의 눈물로
나의 손을 씻고 가끔씩 나의 창문을 두드리는
허전한 나뭇잎의 마음을 잡고 싶어라
새순은 돋아나는데 아장아장 봄볕이 걸어오는데
당신이 그립다는 이유 하나만으로 나는 살고 싶어라

위는 원재훈 시인의 시 〈춘분〉 일부입니다. 24절기의 넷째
춘분(春分)은 새싹이 돋아나고 아장아장 봄볕이 걸어옵니다.
당신이 그립다는 이유 하나만으로 살고 싶은 날입니다. 이날은
낮과 밤의 길이가 같다고 하지만, 실제로는 해가 진 뒤에도
얼마간은 빛이 남아 있어서 낮이 좀 더 길게 느껴지지요.

춘분은 겨우내 밥을 두 끼만 먹던 것을 세 끼를 먹기 시작하는
때입니다. 지금이야 끼니 걱정을 덜고 살지만, 먹거리가 모자
라던 예전엔 아침과 저녁 두 번의 밥 먹기가 고작이었지요.
보통은 음력 9월부터 이듬해 정월까지는 아침저녁 두 끼만

먹고, 2월부터 8월까지는 점심까지 세끼를 먹었습니다. 낮
길이가 짧은 탓도 있지만 일하지 않는 겨울엔 두 끼로 만족할
수밖에 없었던 것입니다. 하지만, 춘분이 지나면 농번기가
닥쳐오기 때문에 일꾼들의 배를 주리게 할 수는 없었지요.

옛사람들은 춘분 무렵에 겨우내 움츠러들었던 몸의 기지개를
활짝 켜고 논밭을 갈고 씨 뿌릴 준비에 들어갔습니다.
천둥지기 곧 천수답(天水畓)이 많았던 시절인지라 귀한 물을
받으려고 물꼬를 손질하는 등 '천하 사람들이 모두 농사를
시작하는 달'이라고 여겨 부지런히 움직이었지요. 옛말에
'춘분 무렵에 하루 논밭을 갈지 않으면 한해 내내 배가 고프다'
할 정도로 농사가 백성의 주된 일이고 보니 춘분은 한 해
농사의 성패를 가르는 중요한 시작을 알리는 절기였습니다.

▲ 김홍도 풍속도화첩 가운데 〈논갈이〉,
종이에 수묵담채, 27.8x23.8cm, 보물 (국립중앙박물관 소장)

5.
같은 날이거나
하루 차이거나,
청명과 한식

24절기의 다섯째로 하늘이 차츰 맑아진다는 뜻을 지닌 청명
(淸明)과 설날, 단오, 한가위와 함께 4대 명절의 하나로 지냈던
한식(寒食)은 하루 차이거나 같은 날입니다.

《동국세시기(東國歲時記)》 청명조(淸明條)의 기록을 보면,
이날 버드나무와 느릅나무를 비벼 새 불을 일으켜 임금에게
바치며, 임금은 이 불을 정승과 판서를 비롯한 문무백관
그리고 360 고을의 수령에게 나누어줍니다. 이를 사화(賜火)
라 하는데 수령들은 한식날에 다시 이 불을 백성에게 나누어
주지요. 묵은 불을 끄고 새 불을 기다리는 동안 밥을 지을 수
없어 찬밥을 먹는다고 해서 한식이라고 했습니다.

농사력으로는 청명 무렵에 논밭의 흙을 고르는 가래질을
시작합니다. 청명은 농사력의 기준이 되는 24절기의 하나로
날씨와 관련된 믿음이 많지요. 청명이나 한식에 날씨가
좋으면 그해 농사가 잘되고 좋지 않으면 농사가 잘되지 않는
다고 생각했습니다. 바닷가에서는 청명과 한식에 날씨가

좋으면 어종이 많아져서 어획량이 증가한다고 하여 날씨가 좋기를 바랐습니다. 이에 견주어 경남 사천에서는 청명의 날씨가 좀 어두워야 그해 농작물에 풍년이 들고, 너무 맑으면 농사에 시원치 않을 것으로 여겼지요.

그리고 청명에 나무를 심는 고장이 많은데, 특히 '내 나무'라 하여 아이가 혼인할 때 농을 만들어줄 재목감으로 나무를 심었습니다. 이날 성묘하러 가기도 하지요. 또 제주도에서는 청명이나 한식은 지상에 있는 신들이 하늘로 올라간 날이어서 특별히 택일하지 않고도 산소를 돌보거나 이장을 해도 좋다고 믿습니다. 또 이날은 '손' 곧 민간에서 날수를 따라 네 방위로 돌아다니면서 사람의 활동을 방해한다고 믿는 귀신이 없어서 묘자리 고치기, 비석 세우기, 집 고치기를 비롯해 아무 일이나 해도 좋다고 믿었지요.

▲ 임금은 한식에 새불을 백성에게 나눠주었다 (그림 이무성 작가)

6.
곡우,
내외 사이
잠자리도 함께 하지 않아

24절기의 여섯째는 봄의 마지막 절기로, 곡우(穀雨)입니다. 곡우란 봄비(雨)가 내려 백곡(穀)을 기름지게 한다고 하여 붙여진 말이지요. 그래서 '곡우에 가물면 땅이 석 자가 마른다', '곡우에 모든 곡물이 잠을 깬다', '곡우가 넘어야 조기가 운다' 같은 속담이 전합니다.

옛날에는 곡우 무렵에 못자리할 준비로 볍씨를 담그는데 볍씨를 담은 가마니는 솔가지로 덮어두었습니다. 밖에 나가 부정한 일을 당했거나 부정한 것을 본 사람은 집 앞에 와서 불을 놓아 악귀를 몰아낸 다음 집안에 들어오고, 들어와서도 볍씨를 볼 수 없게 하였습니다. 만일 부정한 사람이 볍씨를 보게 되면 싹이 트지 않고 농사를 망치게 된다는 믿음이 있어서 그랬지요. 볍씨를 담그면 항아리에 금줄을 쳐놓고 고사를 올립니다. 이는 개구리나 새가 와서 모판을 망칠 우려가 있으므로, 볍씨 담근 날 밤에 밥을 해놓고 간단히 고사를 올리는 것이지요. 또 이날은 부부가 잠자리를 함께 하지 않는데 땅의 신이 질투하여 쭉정이 농사를 짓게 한다고 믿기 때문입니다.

곡우 무렵엔 나무에 물이 많이 오르지요. 곡우물은 주로 산다래, 자작나무, 박달나무 등에 상처 내서 흘러내리는 수액인데 몸에 좋다고 해서 전라도, 경상도, 강원도 등에서는 깊은 산 속으로 곡우물을 마시러 가는 풍속이 있었습니다.

경칩의 고로쇠 물은 여자 물이라 해서 남자에게 좋고, 곡우물은 남자 물이어서 여자들에게 더 좋다고 합니다. 자작나무 수액인 거자수는 특히 지리산 밑 구례 등지에서 많이 나며 그곳에서는 곡우 때 약수제까지 지냈지요.

▲ 곡우 전날은 내외가 잠자리를 같이하지 않았다 (그림 이무성 작가)

7.
이팝꽃이
쌀밥으로 보이는
입하

24절기 가운데 일곱째 입하(立夏)는 '여름(夏)에 들어선다'라는 뜻으로 푸르름이 온통 뫼(산)와 가람(강)을 뒤덮어 여름이 다가옴을 알리는 절기지요. 입하는 '보리가 익을 무렵의 서늘한 날씨'라는 뜻으로 맥량(麥涼), 맥추(麥秋)라고도 하며, 초여름 이란 뜻으로 맹하(孟夏), 초하(初夏), 괴하(槐夏), 유하(維夏)라고 도 부릅니다. 이맘때는 곡우에 마련한 못자리도 자리를 잡아 농사일이 좀 더 바빠지며, 시절음식으로 쑥버무리를 만들어 먹기도 합니다.

입하에 산과 들에 가보면 하얗고 탐스러운 이팝나무를 봅니 다. 이팝나무란 이름은 입하 무렵 꽃이 피기 때문에 '입하목 (立夏木)'이라 부른 데서 유래했다고 합니다. 또 이밥은 하얀 쌀밥을 뜻하는데 조선을 개국한 이성계가 '정전제(井田制)'를 시행하여 일반 백성들도 쌀밥을 먹게 되었고, 그래서 백성들이 이 쌀밥을 '이성계가 준 밥'이란 뜻으로 '이밥'이라 불렀는데 이것이 변하여 이팝나무가 되었다고도 하지요.

실제 흐드러진 이팝꽃을 보면 마치 쌀밥(이밥)을 고봉으로 담아 놓은 것 같은 모양으로 보이기도 합니다.

이팝나무는 천연기념물로 지정되어 보호받고 있는 나무들이 많습니다. 순천 평중리 이팝나무, 고창 중산리 이팝나무, 광양 읍수와 이팝나무, 진안 평지리 이팝나무무리, 양산 신전리 이팝나무, 김해 신천리 이팝나무 김해 천곡리 이팝나무 따위가 그것이지요. 나이가 250살에서 600살까지 된 천연기념물 이팝나무가 있는 마을 사람들은 이팝꽃을 농사와 관련지었는데 꽃이 많이 피면 풍년, 적게 피면 흉년이라 생각했습니다.

▲ 힘들게 일하는 농부에겐 이팝나무꽃이 쌀밥으로 보였다

8.
소만,
손톱에 봉숭아물
들여볼까?

여름은 차츰 녹음이 우거지고 철 맞춰 내린 비로 보리와 밀 등 밭곡식은 기름지게 자라나고 못자리도 날마다 푸르러지고 있으나 남의 쌀을 꿔다 먹고사는 우리 고향에 풍년이나 들어 주어야 할 것 아닌가? 농촌에서는 명년 식량을 장만하고자 논갈이에 사람과 소가 한층 더 분주하고 더위도 이제부터 한고비로 치달을 것이다.

이는 〈동아일보〉 1947년 5월 22일 기사에 보이는 이무렵 풍경입니다. 소만(小滿)은 24절기 가운데 여덟째 절기로 소만에는 만물이 점차 자라 가득 찬다는 뜻이 있습니다.

소만 때는 모든 들과 뫼가 푸르른데 대나무는 푸른빛을 잃고 누렇게 변합니다. 이는 새롭게 태어나는 죽순에 영양분을 모두 주었기 때문이지요. 마치 자기 몸을 돌보지 않고 어린 자식을 정성 들여 키우는 어미의 모습을 보는 듯합니다.
그래서 봄철의 누런 대나무를 가리켜 죽추(竹秋) 곧 '대나무

가을'이라고 합니다. 또 이 무렵을 '보릿고개'라고 하는데 양식이 떨어져 힘겹게 목숨을 지탱하는 것을 말합니다.

입하와 소만 무렵에 있었던 풍속으로는 봉숭아 물들이기가 있는데 《동국세시기》에 보면 "계집애들과 어린애들이 봉숭아를 따다가 백반에 섞어 짓찧어서 손톱에 물을 들인다"라는 기록이 있습니다. 봉숭아꽃이 피면 꽃과 잎을 섞어 찧은 다음 백반과 소금을 넣어 이것을 손톱에 얹고 호박잎, 피마자잎 또는 헝겊으로 감아 붉은 물을 들이지요. 이 풍속은 붉은색이 사악함을 물리친다는 데서 유래하였습니다. 첫눈이 내릴 때까지 손톱에 봉숭아물이 남아있으면 첫사랑을 만나게 된다는 이야기도 전하지요. 그밖에 풋보리를 몰래 베어 그슬려 밤이슬을 맞힌 다음 먹으면 병이 없어진다고 여겼습니다.

▲ 소만 무렵의 세시풍속 봉숭아 물들이기 (그림 이무성 작가)

9.
망종,
보리개떡 먹는 때

24절기 가운데 아홉째는 망종(芒種)인데 벼, 밀 같이 수염이 있는 까끄라기 곡식의 씨앗을 뿌려야 할 적당한 때라는 뜻이지요. 그래서 '보리는 익어서 먹게 되고, 볏모는 자라서 심게 되니 망종이요'라는 속담이 있는데 망종 무렵은 보리를 베고 논에 모를 심느라 눈코 뜰 새가 없습니다. 그래서 이때는 '발등에 오줌 싼다', '불 때던 부지깽이도 거든다' 라는 속담이 있을 만큼 한해 가운데 가장 바쁜 철입니다.

제주도에서는 망종날 풋보리 이삭을 뜯어서 손으로 비벼 보리알을 모은 뒤 솥에 볶아서 맷돌에 갈아 체로 쳐 그 보릿가루로 죽을 끓여 먹으면 여름에 보리밥을 먹고 배탈이 나지 않는다고 믿었습니다. 또 전남 지역에서는 이날 '보리그스름(보리그을음)'이라 하여, 풋보리를 베어다 그을음을 해서 먹으면 이듬해 보리농사가 풍년이 든다고 합니다. 또한, 이날 보리를 밤이슬에 맞혔다가 그다음 날 먹는 곳도 있는데 허리 아픈 데가 좋아지며, 그해에 병이 나지 않고 지낼 수 있다고 믿었지요.

특히 이때쯤에는 보리피리를 만들어 불었던 기억이 새롭습니다. 또 먹을거리가 귀하던 시절 햇보리를 수확하면 보리를 맷돌에 갈아 보릿가루에 간장·파·참기름·물 따위를 넣고 반죽해 넓적하게 빚어 쪄 먹던 구황(흉년에 굶주린 빈민을 도와줌) 음식인 보리개떡도 생각이 납니다.

망종 때부터는 본격적인 더위, 곧 양기가 세상을 가득 채워 땀을 흘리는 시절입니다.

▲ 보리베기와 모내기로 바쁜 망종, 불 때는 부지깽이도 거든다 (그림 이무성 작가)

10.
하지, 가뭄이 들면
기우제를

▲ 하지 때 가뭄이 들면 여러 가지 방법으로 기우제를 지냈다 (그림 이무성 작가)

24절기 가운데 열째 절기인 하지(夏至)가 지나면 '오전에 심은
모와 오후에 심은 모가 다르다' 라는 속담이 있어서 농촌에서
는 하지 무렵 모심기를 서두르는데 하지가 지날 때까지 비가
내리지 않으면 기우제(祈雨祭)를 지냈습니다.

조선시대에는 농사가 나라의 근본이었기에 비가 오지 않아서
농사짓기가 어려워지면 임금이 직접 기우제를 지내기도
했지요. 《조선왕조실록》에 보면 기우제란 말이 무려 3,122건
이나 나올 정도입니다.

기우제의 유형은 몇 가지가 있는데 먼저 산 위에 장작을 쌓아
놓고 불을 놓는 방법이 있습니다. 이는 산에서 불을 놓으면
타는 소리가 천둥 치는 소리 같다는 데서 비롯된 것이라고도
하며, 연기를 통해 천신에게 기원을 전한다고도 합니다. 또

신을 모독하거나 화나게 하여 강압적으로 비를 오게 하기도 하지요. 부정물은 개, 돼지의 피나 똥오줌이 주로 쓰입니다. 전라도 지방에서는 마을 여인네들이 모두 산에 올라가 일제히 오줌을 누면서 비를 빌기도 합니다. 아이들이 짚으로 용의 모양을 만들어 두들기거나 끌고 다니면서 비구름을 토하라고 강압하기도 하는데 아이들은 어떤 행동을 하더라도 용서받는다고 생각하였기 때문입니다.

또 다른 방법으로는 비가 내리는 것과 같이 물이 떨어지도록 하는 유감주술로 부녀자들이 우물에서 키에 물을 붓고 비가 주룩주룩 내리는 듯 물이 떨어지도록 하거나 아들을 못 낳는 여자들이 키에 강물을 담아 새어 나오는 물을 뽑아 밤에 황토와 체, 솥뚜껑을 우물가로 가지고 가서 고사를 지냅니다. 이때 한 처녀는 부지깽이로 솥뚜껑을 두드리고 한 처녀는 샘물을 바가지로 퍼서 솥뚜껑 위의 체에 물을 부으면서 "쳇님 은 비가 오는데 하늘님은 왜 비를 내려주지 않으시나요" 하고 주문을 반복하지요.

농사는 나라의 뿌리였으므로 가뭄이 들면 임금이 나랏일을 잘못해 내리는 천벌이라 하여 임금 스스로 몸을 정결히 하고 하늘에 제사 지냈으며, 식음을 폐하고 거처를 초가로 옮기고, 죄인을 석방하기도 했지요. 이때 백성은 시장을 옮기고, 부채질하거나 양산 받는 일을 하지 않았으며, 양반도 관(冠)을 쓰지 않았습니다. 지금이야 그렇게 기우제 지내는 일은 없지만 물은 사람에게 정말 소중한 것임을 알게 해줍니다.

11.
소서, 본격적인 더위가
시작되는 때

집터 울밑 돌아가며 잡풀을 없게 하소

날 새면 호미 들고 긴긴 해 쉴 새 없이

땀 흘려 흙이 젖고 숨 막혀 기진할 듯

때마침 점심밥이 반갑고 신기하다

정자나무 그늘 밑에 앉을 자리 정한 뒤에

점심 그릇 열어 놓고 보리단술(보리식혜) 먼저 먹세

이는 〈농가월령가(農家月令歌)〉 6월령 일부입니다. 24절기의
열한째 소서(小暑) 무렵은 본격적으로 더위가 몰려오는데
이때는 장마철이라 습도가 높아지고, 비가 많이 옵니다.
하지 무렵에 모내기를 끝내고 20일 정도 지난 소서 무렵은
논매기와 피사리를 해주며, 논둑과 밭두렁의 풀을 베어
퇴비를 장만해야 하는 일로 바쁠 때입니다.

조선시대 문신 신흠의 시가와 산문을 엮어 만든 책인《상촌집
(象村集)》에 보면 소서 때 15일을 3후(三侯)로 나누어서, 초후
에는 더운 바람이 불어오고, 중후에는 귀뚜라미가 벽에서

울며, 말후에는 매가 먹이 잡는 연습을 한다고 했습니다. 이때는 채소나 과일들이 풍성해지고, 보리와 밀도 먹게 됩니다. 특히 이때의 시절음식은 밀가루 음식인데 밀이 제맛이 나는 때라 국수나 수제비를 즐겨 해먹었지요. 채소류로는 호박, 생선류로는 민어가 제철입니다. 민어는 포를 떠서 먹기도 하고, 회를 떠서 먹기도 하며, 매운탕도 끓여 먹는데 애호박을 송송 썰어 넣고 고추장 풀고 수제비 띄워 먹는 맛은 입맛 없는 계절의 별미였습니다.

▲ 소서 무렵 즐겨 먹는 수제비

12.
대서,
무더위·된더위는 다른 말

24절기의 열두째 대서(大暑)는 큰더위라는 뜻이 있는데 한해 가운데 가장 더울 때로 속담에서는 '염소뿔이 녹는다'라고 했습니다. 이 무렵 더위를 이기는 먹거리로 전설의 동물인 용과 봉황 대신 잉어(또는 자라)와 오골계로 끓인 용봉탕, 검정깨로 만든 깻국 탕인 임자수탕 그리고 보신탕, 삼계탕, 추어탕 등을 예로부터 이열치열로 즐겨 먹었습니다.

이때가 되면 사람들은 폭염주의보와 폭염경보를 알리는 기상청의 재난문자를 받고는 합니다. 여기서 하루 가장 높은 기온이 33도 이상인 때가 이틀 이상 이어지면 '폭염주의보'를, 35도 이상인 때가 이틀 이상 이어지면 '폭염경보'를 보낸다고 하지요. 그런데 이때 기상청은 한자말 폭염(暴炎), 폭서(暴暑)를 쓰고 있지만, 더위를 뜻하는 우리말은 무더위, 된더위, 가마솥더위, 찜통더위, 강더위, 불볕더위, 불더위처럼 참으로 많습니다.

여기서 이 말들을 두 종류로 나눠볼 수 있는데 먼저 장마철에 습도가 매우 높아, 찌는 듯 견디기 어려운 더위는 무더위, 찜통더위, 가마솥더위입니다. 이 가운데 물이 펄펄 끓는 가마솥이 상상되는 가마솥더위는 견딜 수 없을 정도입니다. 무더위는 바로 물과 더위가 어울린 말 '물더위'에서 'ㄹ'이 빠져 '무더위'가 된 것으로 후텁지근한 느낌이지요.

그런가 하면 습도는 높지 않은데 그저 몹시 심한 더위는 된더위, 한창 심한 더위를 한더위라고 합니다. 또 오랫동안 비가 내리지 않고 볕만 뜨겁게 내리쬐는 마른 더위가 있으며, 강더위보다 정도가 더 심한 게 불더위, 불볕더위지요. 이렇게 무더위에도 추사 김정희는 8월 한여름 북한산에 올라 진흥왕 순수비를 탁본하는 것으로 된더위를 이겼다는 것을 기억하면 좋겠습니다.

▲ 무더위는 후텁지근하다라는 느낌을 주는 더위다 (그림 이무성 작가)

13.
입추, 서늘한 음기
잉태되는 때

"휴가를 맞아 시골에 갔다가 얼마나 더위가 심하던지 죽는 줄 알았어요" 지인이 입추가 다가온 어느 날 한 말입니다.

가을이 시작된다는 24절기 열셋째 입추(立秋), 이제 절기상으로는 가을철로 들어서는 때지만 아직 불볕더위는 기승을 부립니다. 《고려사(高麗史)》에 보면 "입하(立夏)부터 입추까지 백성들이 조정에 얼음을 진상하면 이를 대궐에서 쓰고, 조정 대신들에게도 나눠주었다"라고 나와 있는 데 이를 보면 입추까지 날씨가 무척 더웠음을 말해줍니다. 또 "입추에는 관리에게 하루 휴가를 준다"라고 하여 된더위에 고생한 것을 위로하는 날이기도 합니다.

그런데 가을 절기에 들어섰어도 여전히 기승을 부리는 불볕더위 때문에 모두가 지치는 때지만 대신 이때의 불볕더위 덕에 하루하루 곡식은 튼실하게 여물어간다는 걸 생각하면서 참아내면 좋은 일입니다. 이제 서늘한 음기가 불볕더위 속에서도 잉태하여 자라고 있음을 기억하면 좋겠습니다.

참고로 "입추의 여지가 없다"라는 말이 있는데 이는 24절기 입추와는 상관이 없는 말입니다. 여기서 입추(立錐)는 송곳을 세우는 것을 말하고 있어서 "송곳조차 세울 틈이 없을 정도로 빽빽하게 들어차 있다"라는 뜻입니다. 다시 말하면 많은 사람들이 어느 한 공간에 가득 차 발 딛고 설 만한 곳이 없다, 곧 공간이 매우 비좁다는 뜻입니다.

▲ 연꽃 위의 저 잠자리도 가을을 기다리고 있을까? (그림 운곡 강장원 작가)

14.
처서, 내 마음도
말려볼까?

24절기 가운데 열네 번째 오는 처서(處暑)는 "땅에서는 귀뚜라미 등에 업혀 오고, 하늘에서는 뭉게구름 타고 온다"라고 할 만큼 여름은 가고 본격적으로 가을 기운이 자리잡는 때입니다. 處暑라는 한자를 풀이하면 '더위가 머물러 있다'라는 뜻이지요. 그런데 이때의 세시풍속 가운데 가장 큰 일은 포쇄(曝曬)라고 해서 뭔가를 바람이나 햇볕에 말리는 것입니다.

예전에 아낙들은 이때 여름 장마에 눅눅해진 옷을 말리고, 선비들은 책을 말렸는데 책을 포쇄하는 방법은 거풍(擧風) 곧 바람을 쐬고 아직 남은 땡볕으로 포쇄(曝曬)하며, 음건(陰乾) 곧 그늘에 말리기도 했습니다.

이 무렵 농촌에서는 땡볕에 고추 말리는 풍경이 아름답지요. 아침저녁으로 선선한 바람이 부는 이때는 김매기도 끝나 호미씻이를 한 뒤여서 농가에서는 한가한 때로 "어정거리면서 칠월을 보내고 건들거리면서 팔월을 보낸다"라는 뜻으로 '어정칠월 건들팔월'이라고 하는데 이 말은 5월이 모내기와 보리 수확으로 매우 바쁜 달임을 표현하는 '발등에 오줌 싼다'

와 좋은 대조를 이루고 있습니다.

농사의 풍흉을 걱정해서 처서 무렵엔 날씨에 관한 관심도
컸는데 처서 무렵에 비가 오면 독의 곡식도 준다고 생각했습
니다. 처서에 오는 비를 '처서비'라고 하며, '처서비가 오면
십리에 천석 감한다'라거나 '처서에 비가 오면 독 안에 든 쌀이
줄어든다'라는 속담도 있지요. 맑은 바람과 뜨거운 햇살을
받아야만 나락이 제대로 익는데, 비가 내리면 나락에 빗물이
들어가고 결국 제대로 자라지 못해 썩기 때문입니다.
무엇이 한꺼번에 일어나는 것을 견주어 이를 때 "처서에 장벼
(이삭이 팰 정도로 다 자란 벼) 패듯"이라고 표현하는 것도
처서 무렵의 벼가 얼마나 쑥쑥 익어가는지 잘 보여주는 속담
이지요.

▲ 처서 때가 되면 아낙들은 옷을, 선비들은 책을 말렸다 (그림 이무성 작가)

15.
포도지정을
기억하는
백로

금년 더위는 넘치고 가혹했는데
미친듯한 장마가 더 때려서 고생했네
세월이 어찌 바뀌지 않는가 했더니
속이지 않고 백로가 찾아 왔구나.

이우현 시인의 시 '백로날에 한편'이라는 시입니다. 세월이
어찌 바뀌지 않는가 했더니 정말 속이지 않고 백로(白露)가
찾아왔다는 백로는 24절기의 열다섯째로 흰 이슬이 내리는
때입니다. 옛사람들은 이때만 되면 편지 앞머리에 "포도순절
(葡萄旬節)에 기체후 일향만강(氣體候一向萬康) 하옵시고"라는
인사말을 꼭 넣었습니다. 그것은 백로부터 추분까지의 절기는
포도가 제철일 때여서 그런 것이지요.
포도는 예부터 다산(多産)의 상징으로 생각해서 맨 처음 따는
포도는 사당에 고사를 지낸 다음 그 집 맏며느리가 통째로
먹었습니다. 그러나 처녀가 포도를 먹으면 망측하다는 호통을
들었지요.

또 이때쯤 되면 포도지정(葡萄之精)을 잊지 말라고 합니다.

그것은 어머니가 아이에게 포도를 먹일 때 한알 한알 입에 넣고 씨와 껍질을 발라낸 뒤 아이의 입에 넣어주던 정을 일컫습니다. 특히 백로 때는 밤 기온이 내려가고, 풀잎에 이슬이 맺혀 가을 기운이 완연해집니다. 원래 이때는 맑은 날이 계속되고, 기온도 적당해서 오곡백과가 여무는데 더없이 좋은 때입니다. 늦여름에서 초가을 사이 내리쬐는 하루 땡볕에 쌀이 12만 섬(1998년 기준)이나 더 거둬들일 수 있다는 통계도 있습니다.

▲ 포도 그림을 잘 그렸던 조선 후기 선비화가 이계호의 포도도(葡萄圖),
17세기, 비단에 먹, 각 121.5×36.4cm (국립중앙박물관 소장)

16.
추분, 어느 한쪽으로
기울지 않는
중용의 날

24절기 열여섯째 추분(秋分)은 낮과 밤의 길이가 같아지고 서서히 음의 기운이 커지는 때입니다. 《철종실록》 10년(1859) 9월 6일 기록에 보면 "추분 뒤 자정(子正) 3각(三刻)에 파루 (罷漏, 통행금지를 해제하기 위하여 종각의 종을 서른세 번 치던 일) 하게 되면, 이르지도 늦지도 않아서 딱 중간에 해당하여 중도(中道)에 맞게 될 것 같다."라는 내용이 보입니다.

여기서 중도란 '어느 한쪽으로 치우치지 않은 바른길'을 말하고 있음이지요. 이처럼 우리 겨레는 추분날 종 치는 일조차 그 어느 쪽으로도 기울지 않는 중용을 이야기하고 있습니다.

또 추분 무렵이 되면 들판의 익어가는 수수와 조, 벼들은 뜨거운 햇볕, 천둥과 큰비의 나날을 견뎌 저마다 겸손의 고개를 숙입니다. 내공을 쌓은 사람이 머리가 무거워져 고개를 숙이는 것과 벼가 수많은 비바람의 세월을 견뎌 머리가 수그러드는 것은 같은 이치일 것입니다. 그리고 그런 벼에서는 향(香)이 우러나고 사람에게서도 내공의 향기가 피어오름을 알 수 있습니다.

옛사람들은 추분 때가 되면 제사를 지낼 만큼 신성시했지요. 《정종실록》 1년(1399) 3월 1일 기록에 보면 다음과 같은 내용도 있습니다.

"중추원 부사 구성우의 처 유 씨는 계집종 영생을 죽이는 등 악행을 저질러 사헌부에서 유 씨를 죽이기를 청하였다. 이에 임금이 '범한 죄가 크기는 하지만, 봄·여름은 만물이 생장하는 때라, 옛 법에도 죽이는 것을 꺼렸으니, 추분(秋分) 뒤를 기다려서 단죄하는 것이 어떻겠는가?'라고 했다" 이는 추분 때를 신성시했다는 증거입니다.

▲ 추분 무렵엔 해를 품어 익은 벼에서 향기가 난다 (그림 이무성 작가)

17.
24절기 열일곱째
찬이슬 맺히는
한로

한로(寒露)는 24절기의 열일곱째로 찬이슬이 맺히기 시작하는 때입니다. 한로가 지나면 제비도 강남으로 가고 대신 기러기가 날아옵니다. 《고려사(高麗史)》권50 「지(志)」4 역(曆)을 보면 한로 15일 동안을 5일씩 3후로 나누어 초후에는 기러기가 오고, 중후에는 참새의 수가 줄어들며, 말후에는 국화가 핀다고 했지요.

한로 무렵은 찬이슬이 맺힐 때여서 날이 더 추워지기 전에 가을걷이를 끝내야 하므로 농촌은 오곡백과를 수확하기 위해 눈코 뜰 새가 없습니다. 한로는 중양절과 비슷한 때여서 중양절 풍속인 머리에 수유열매를 꽂고, 산에 올라가 국화전을 먹고 국화주를 마시며 즐겼지요. 이렇게 수유열매를 꽂는 것은 수유열매가 붉은빛으로 양(陽)색이어서 잡귀를 쫓아준다고 믿었기 때문입니다.

또 한로와 상강(霜降) 무렵에 사람들은 시절음식으로 추어탕

(鰍魚湯)을 즐겼습니다. 한의학책인《본초강목(本草綱目)》에는 미꾸라지가 양기(陽氣)를 돋우는 데 좋다고 하였으며, 가을에 누렇게 살찌는 가을 고기라 하여 물고기 어(魚)에 가을 추(秋) 자를 붙여 미꾸라지를 추어(鰍魚)라 부른 것 같습니다. 한로는 입추(立秋), 처서(處暑), 백로(白露), 추분(秋分), 상강(霜降)과 함께 가을 절기에 해당합니다.

▲ 한로 때 농촌은 오곡백과를 거두기 위해 타작이 한창이다.
   김홍도의 〈벼타작〉, (국립중앙박물관 소장)

18.
상강,
노루꼬리처럼
뭉텅 짧아진 하루해

24절기의 열여덟째 상강(霜降)은 말 그대로 서리가 내리는 때인데 벌써 하루해 길이는 노루꼬리처럼 뭉텅 짧아졌습니다. 어느 날 아침 일어나 보면 하룻밤 새 들판 풍경은 완연히 다릅니다. 된서리 한방에 푸르던 잎들이 수채색 물감으로 범벅을 만든 듯 누렇고 빨갛게 바뀌었지요. 그리고 서서히 그 단풍은 하나둘 떨어지고 나무들은 헐벗게 됩니다.

옛사람들의 말에 "한로불산냉(寒露不算冷), 상강변료천(霜降變了天)"이란 말이 있습니다. 이는 "한로 때엔 차가움을 별로 느끼지 못하지만, 상강 때엔 날씨가 급변한다"라는 뜻입니다. 상강이야말로 가을 절기는 끝나고 겨울로 들어서기 직전이지요.

갑자기 날씨가 싸늘해진 날 한 스님이 운문(雲門, 864~949) 선사에게 "나뭇잎이 시들어 바람에 떨어지면 어떻게 됩니까?"고 물었습니다. 그러자 운문 선사는 "체로금풍(體露金風)이니라. 나무는 있는 모습을 그대로 드러낼 것이고(體露), 천지엔 가을바람(金風)만 가득하겠지"라고 답했다고 합니다.

상강이 지나면 추위에 약한 푸나무(식물)들은 자람이 멈추지요. 천지는 으스스하고 쓸쓸한 가운데 조용하고 평온한 상태로 들어가는데 들판과 뫼(산)는 깊어진 가을을 실감케 하는 정경을 보여줍니다.

이 삭막한 서릿발의 차가운 세상. 하지만 국화뿐 아니라 모과도 상강이 지나 서리를 맞아야 향이 더 진하다고 하지요. 꽃은 늘 그 자리에 있는데, 향기는 느끼는 자의 몫이며, 상강을 맞아 그 진한 국화 향을 맡을 수 있는 것도 각자의 몫입니다. 감국(甘菊)이라고 불리는 노란 국화로 만든 국화차는 지방간 예방에 좋은 콜린, 대사에 필요한 에너지로 쓰이는 아데닌이 풍부하여 이때 마시면 좋습니다. 또 상강 무렵엔 비타민C · A, 탄닌, 칼륨과 마그네슘 등이 풍부하게 함유되어 있으며 고혈압 예방에 좋은 감을 먹을 수 있는 때이며, 그 밖에 상강 무렵 먹어서 좋은 먹거리엔 살이 쪄 통통한 게도 있습니다.

▲ 국화차를 마시며, "체로금풍(體露金風)"을 이야기하다 (그림 이무성 작가)

19.
입동, 이웃집과
시루떡 나누어
먹는 날

"찬 서리 / 나무 끝을 나는 까치를 위해 / 홍시 하나 남겨둘 줄 아는 / 조선의 마음이여" 김남주 시인은 〈옛 마을을 지나며〉라는 시에서 이즈음의 정경을 이렇게 이야기합니다. 바로 추운 겨울이 다가왔다는 손짓이지요. 24절기의 열아홉째 입동(立冬)은 무서리가 내리고 마당가의 감나무 끝엔 까치밥 몇 개만 남아 홀로 외로운 때입니다.

이날부터 '겨울(冬)에 들어선다(立)'라는 뜻에서 입동이라 부르는데 이때쯤이면 가을걷이도 끝나 바쁜 일손을 털고 한숨 돌리는 때며, 겨울 채비에 들어갑니다. 그런데 입동 앞뒤로 가장 큰 일은 역시 김장이지요. 겨울준비로 이보다 큰일은 없는데 이때를 놓치면 김치의 상큼한 맛이 줄어듭니다.
큰집 김장은 몇백 포기씩 담는 것이 예사여서 친척이나 이웃이 함께했습니다. 우물가나 냇가에서 부녀자들이 무, 배추 씻는 풍경이 장관을 이루기도 하였지요. 이것도 우리 겨레가 자랑하는 더불어 살기의 예일 것입니다. 김장과 함께 메주를 쑤는 것도 큰일 가운데 하나지요.

제주도에서는 입동날씨점을 보는데 입동에 날씨가 따뜻하지 않으면 그해 바람이 독하다고 합니다. 또 이때 온 나라는 음력 10월 10일에서 30일 사이에 고사를 지내는데 그해의 햇곡식으로 시루떡을 만들어 토광(널빤지를 깔지 않고 흙바닥을 그대로 둔 광) · 터줏단지(집터를 지키고 관장하는 터주신을 담는 그릇) · 씨나락섬(볍씨를 보관해둔 가마니)에 가져다 놓았다가 먹고, 농사에 애쓴 소에게도 가져다주며, 이웃집과도 나누어 먹었습니다.

▲ 백양사 들머리의 감나무와 까치,
스님들은 아예 까치들에게 모두를 내주었나 보다.

20.
불편했던 이웃과
마음 푸는
동지

음기가 사라지고 양기가 되돌아오는 날
붉은 팥죽 내음이 푸른 항아리에서 떠오르네
한창 솥에서 끓을 때 처음 소금을 넣고
다시 새알심을 넣은 뒤 주걱으로 저어주네
호타(滹沱)의 보리밥보다 품이 더 들고
금곡(金谷)의 나물보다 맛이 더 뛰어나네
나 역시 가난한 살림이 갑자기 더 궁색해지는데
아 만들고 보니 동지가 된 걸 알았네

위는 태종 이방원의 스승이었던 운곡 원천석이 지은 〈동짓날, 감회를 쓰다〉라는 한시입니다. 24절기의 스물두째는 명절로 지내기도 했던 동지(冬至)입니다. 운곡은 동지를 밤이 가장 길다는 것보다는 이날부터 해가 길어지기에 음기가 사라지고 양기가 되돌아오는 날로 보았습니다. 따라서 이날은 해가 부활한다고 하여 '작은 설 또는 아세(亞歲)'라 하였지요. 그리고 팥죽을 쑤어 '고수레'라고 외치면서 짐승들에게도 나누어주고,

이웃과 함께 나누어 먹었습니다.

동짓날의 세시풍속 가운데 며느리들이 시어머니나 시할머니에게 버선을 지어 선물하는 동지헌말(冬至獻襪)이란 아름다운 풍속도 있었습니다. 이날 새 버선을 신고 길어지는 해그림자를 밟으면 수명이 길어진다고도 믿었지요. 특히 지금도 이어지는 동지의 다른 세시풍속에는 하선동력(夏扇冬曆)이라 하여 단오 때 부채를 선물하는 것과 함께 새해를 잘 계획하라는 뜻으로 달력을 선물하는 날이기도 했습니다.

그뿐만 아니라 예부터 동짓날부터 섣달그믐날까지는 영육 사이 모든 빚을 갚고 새 기분으로 설날을 맞았지요. 하지만, 빚을 갚지 못했어도 절대 독촉하는 경우가 없었습니다. 또 일가친척이나 이웃 사이 불화가 있었으면 이날 서로 마음을 열어 풀었습니다. 불편한 이웃과 웃는 날인 6월 유두와 함께 동지는 우리 겨레에게 참으로 아름다운 날입니다. 이날 가까운 절에 가면 팥죽을 쑤어 이웃에게 보시하는 모습을 볼 수 있습니다. 동지는 우리 식구만 팥죽을 먹는 날이 아니라 이웃과 함께 나누는 날임을 잊지 말았으면좋겠습니다.

▲ 동지, 이웃과 함께 팥죽 나누고 마음을 여는 날 (농촌진흥청 제공)

21.
소설,
첫눈 기다리는
사람들

24절기 가운데 스무째가 소설입니다. 절기 이름에서 보듯
눈이 적게 내린다는 뜻에서 소설(小雪)인데 추위가 시작되기
때문에 이 무렵부터는 겨울 채비를 합니다. 그러나 아직
따뜻한 햇살이 비추므로 작은 봄 곧 소춘(小春)이라고 부르기
도 하는데 이때는 평균 기온이 5도 아래로 내려가면서 첫
추위가 옵니다. 그래서 '초순의 홑바지가 하순의 솜바지로
바뀐다'라는 속담이 전할 정도지요.

그런가 하면 '소설 추위는 빚을 내서라도 한다'라는 속담이
있으며, 소설에 날씨가 추워야 보리농사가 잘 된다고 믿었
습니다. 또 사람들은 소설 전에 김장하려고 서두르고, 여러
가지 월동 준비를 위한 일들에 분주합니다. 시래기를 엮어
달고 무말랭이나 호박을 썰어 말리고, 목화를 따서 손을
보기도 하며, 겨우내 소먹이로 쓸 볏짚을 모아두기도 하지요.

그리고 소설 무렵엔 첫눈이 오기도 합니다. 24절기의 여덟째

인 소만(小滿) 무렵 손톱에 봉숭아를 물들이고 첫눈 올 때까지 봉숭아물이 빠지지 않으면 첫사랑을 다시 만난다고 믿기도 했습니다. "사랑하는 사람들만이 첫눈을 기다린다 / 첫눈을 기다리는 사람들만이 첫눈 같은 세상이 오기를 기다린다. / 아직도 첫눈 오는 날 만나자고 약속하는 사람들 때문에 첫눈은 내린다" 이는 시인 정호승의 시 '첫눈 오는 날 만나자'의 한 구절로 이즈음에 어울리는 시입니다.

▲ 겨울나기 서두르는 소설, 무청시래기, 무말랭이, 호박, 가지 (왼쪽부터 시계방향)

22.
대설,
눈이 안 오면
기설제를

24절기 가운데 스물한째 절기는 대설(大雪)입니다. 대설은 눈이 가장 많이 내린다는 뜻에서 붙여진 이름이지만 절기의 기준 지점인 중국 화북지방(華北地方)의 계절적 특징을 반영한 것으로 우리나라는 이때 눈이 그리 많이 오지는 않습니다. 그리고 대설이 있는 이 무렵 음력 11월은 농부들이 한 해를 마무리하면서 새해를 맞이할 준비하는 농한기(農閑期)이기도 합니다.

"올해는 봄부터 겨울까지 비가 부족하였는데, 지금은 또 대설(大雪)이 이미 지났는데도 눈이 내리지 아니하여 샘의 물줄기가 통하지 못합니다. 신이 일찍이 농사꾼에게 듣건대 '눈이 오면 토질의 맥이 윤택하여지고, 또 눈이 보리를 덮은 뒤에라야 보리농사가 풍년들게 된다.'라고 하였습니다. 옛적에는 눈이 오기를 빈 일이 있었으나 우리나라에서는 거행하지 않았습니다. 그러나 송(宋)나라 때에도 눈을 빌었고, 또한 '납향(臘享, 동지로부터 세 번째의 양날) 안에 세 번

눈이 와야 한다'라는 말이 있으니, 지금 눈을 빌도록 함이
어떠하리까?"

위는 《중종실록》 7년(1512) 10월 30일 기록으로 봄부터 비가
부족하고 대설이 지났는데도 눈이 내리지 않는다며 눈이
내리기를 비는 기설제(祈雪祭)를 지내야 하는지 논의하고
있습니다. 기설제(祈雪祭)는 고려시대부터 조선시대까지
지속한 농경의례의 하나입니다. 눈이 와야 할 시기에 눈이
오지 않는 것도 천재라고 믿어, 드물지마는 음력 11월과 12월
에 기우제처럼 기설제를 지냈다는 기록이 보입니다. 대설과
관련한 속담으로 '눈은 보리의 이불이다'라는 말이 있습니다.
이 말은 눈이 많이 내리면 보리를 덮어 따뜻하게 하므로
동해(凍害)를 적게 입어 보리 풍년이 든다는 의미입니다.

▲ 예전엔 대설 무렵 눈이 안 오면 기설제(祈雪祭)를 지내기도 했다 (그림 이무성 작가)

23.
소한,
황소바람에
몸을 웅크리는 때

24절기 가운데 스물셋째는 소한(小寒)입니다. 원래 절기상
으로 보면 대한(大寒)이 가장 추울 때지만 실제는 소한이 한해
가운데 가장 추운데 절기의 기준이 중국 화북지방에 맞춰졌기
때문에 다르지요. 그래서 이때 전해지는 속담을 보면 '대한이
소한 집에 가서 얼어 죽는다', '소한 추위는 꾸어다가도 한다',
'소한에 얼어 죽은 사람은 있어도 대한에 얼어 죽은 사람은
없다' 같은 것들이 있습니다.

이때쯤이면 추위가 절정에 달했지요. 아침에 세수하고 방에
들어가려고 문고리를 당기면 손에 문고리가 짝 달라붙어 손이
찢어지는 듯했던 기억이 새롭습니다. 그뿐만 아닙니다.
저녁에 구들장이 설설 끓을 정도로 아궁이에 불을 때 두었지만
새벽이면 구들장이 싸늘하게 식었고, 문틈으로 들어오는
황소바람에 몸을 새우처럼 웅크릴 수밖에 없었습니다. 이때
일어나 보면 자리끼(자다가 마시기 위해 잠자리의 머리맡에
두는 물)로 떠다 놓은 물사발이 꽁꽁 얼어있고 윗목에 있던

걸레는 돌덩이처럼 굳어있었지요.

이렇게 추운 겨울나기에 도움이 되는 것에는 한방차와 신맛이 나는 과일이 있습니다. 한방에서 '총백'이라고 부르는 파뿌리를 물에 넣고 끓여 마시면 땀을 내주고 기침, 가래를 삭여주며, 항균 작용도 있어 평소ㅈ 자주 마시면 감기 예방에 좋다고 합니다. 그 밖에 비타민C가 많은 유자나 단백질과 당류, 유기산 따위가 풍부한 대추로 차를 끓여 마시면 피로 회복과 감기 예방에 도움이 됩니다. 또 매실, 오미자, 모과, 산수유, 귤처럼 신맛이 나는 과일은 흩어져 있는 기운을 모아주기 때문에 겨울철에 자주 먹어줘야 할 먹거리지요.

▲ 문틈으로 황소바람이 들어오고, 자리끼에 떠 놓은 물이 꽁꽁 언 소한
(그림 이무성 작가)

24.
대한,
춥지만 희망을
잉태한 날

24절기 가운데 마지막인 대한(大寒)은 이름으로 보아서는
가장 추운 날이지만 소한 무렵이 대한 때보다 훨씬 추울
때가 많습니다. 제주도에서는 이사나 집수리 따위의 집안
손질은 언제나 신구간(新舊間)에 하지요. 신구간은 대한 뒤
5일에서 입춘 전 3일 동안을 말하는 것인데 이때 모든 신이
염라대왕에게 가 새로운 임무를 부여받기 위해 자리를 비우기
때문에 어떤 일을 하여도 탈이 없다고 믿는 것입니다. 그래서
이때에는 이사하는 것은 물론 부엌, 문, 변소, 외양간 고치기,
울타리 돌담고치기, 묘소 고쳐 쌓기 등 다양한 일을 합니다.

소한부터 대한까지는 한해에 가장 추울 때인데 눈 덮여
황량한 겨울 들판엔 칼바람 추위 속에 먹거리도 부족하니
사람도 뭇짐승도 배곯고 움츠리기는 마찬가지였지요. 그러나
이 만물이 얼어붙어 죽은 듯한 땅에도 저 멀리 봄소식은
오고야 맙니다.

소설가 김영현은 그의 작품집 《깊은 강은 멀리 흐른다》에서 "도시에서 온 놈들은 겨울 들판을 보면 모두 죽어 있다고 그럴 거야. 하긴 아무것도 눈에 뵈는 게 없으니 그렇기도 하겠지. 하지만 농사꾼들은 그걸 죽어 있다고 생각지 않아. 그저 쉬고 있을 뿐이라 여기는 거지. '적당한 햇빛과 온도만 주어지면 그 죽어 빠져 있는 듯한 땅에서 온갖 식물들이 함성처럼 솟아 나온다' 이 말이네"라고 말합니다. 가장 추운 지점 바로 끝에 봄이 도사리고 있음은 반가운 일이지요. 대한은 희망을 다지는 날입니다.

▲ 눈보라 흩날리고, 칼바람 몰아치는 겨울,
그러나 그 속에 희망은 잉태 되었다 (그림 이무성 작가)

●

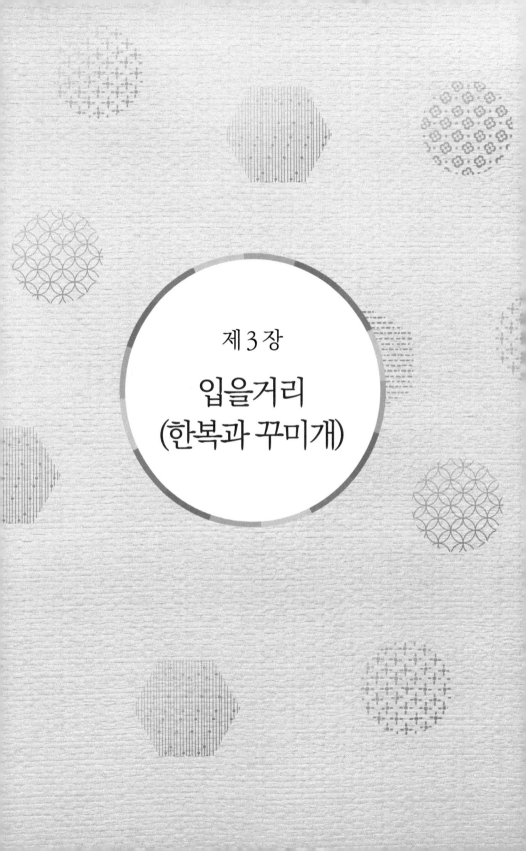

제 3 장

입을거리
(한복과 꾸미개)

1.
넉넉한 마름질로
몸을 편하게 하는
한복

옷을 만들기 위해서는 디자인한 다음 먼저 옷감을 자르는 과정 곧 마름질(재단)을 해야만 합니다. 그런데 마름질하는 방법은 크게 입체재단과 평면재단으로 나눕니다. 입체재단은 서양옷을 만들 때 주로 쓰는 것으로 체형이 밖으로 잘 드러나도록 옷을 몸에 맞추는 방법입니다. 그러나 평면재단은 한국의 전통복식 곧 한복을 만들 때 쓰는 것이지요.

평면재단의 방법은 평면적인 옷감을 직선으로 말아(옷감이나 재목 따위를 치수에 맞도록 재거나 자름), 이것을 다시 입체적인 사람의 몸에 맞도록 남은 부분을 주름을 잡거나 끈으로 고정하여 아름다움을 살리는 방식입니다. 따라서 한복은 많은 여분을 두고 마름질하게 되어 거의 빈틈없이 온몸을 감싸고 있는 듯하면서도 옷의 어느 한 곳은 반드시 터놓는 것은 물론 몸을 여유롭게 하여 몸이 숨을 쉬는 데 어려움이 없도록 만듭니다.

여유롭게 하는 것을 저고리에서 보면 진동 곧 몸판과 소매를
붙이는 곳을 직선으로 하고, 아래쪽으로 내려가면서 고름이나
매듭으로 여며지는 부분은 넓어지는 안섶과 겉섶을 붙여
저고리가 편안하고 안정감 있게 합니다. 거기에 더하여 바지
는 널따란 사폭으로 만들어 일하거나 운동하거나 운전할 때
전혀 구속감을 느끼지 않도록 하지요. 다만 일할 때 간편하도
록 소매에는 토시를, 바지부리(바짓가랑이의 끝부분)에는대님
을 매고 행전을 차기도 합니다. 따라서 한복은 몸을 꽉 조이는
옷인 청바지 등에 견주면 건강 면에서 훨씬 좋은 옷이지요.

▲ 건강을 위해 넉넉한 마름질로 몸을 편하게 하는 한복 (뉴스툰 제공)

2.
조선시대
한복에는
유행이 있었다

조선시대 후기 풍속화 가운데 혜원 신윤복의 그림 〈어물장수〉를 보면 두 사람의 여성이 등장하는데 생선 행상을 하는 젊은 아낙의 저고리가 짧아 젖가슴이 보일락 말락 합니다. 한편 뒷모습만 보이는 나이 든 아낙네는 긴 저고리를 입고 있습니다. 그 까닭은 무엇일까요?

우리는 조선시대 한복의 형태를 무덤에서 출토된 것으로 확인할 수 있습니다. 그런데 조선 초기와 중기 후기 저고리들의 길이가 각각 다릅니다. 조선 초기인 1580년 청주 한씨의 덧저고리 길이는 무려 81cm나 되어 엉덩이까지 내려갔는데 1670년대의 누비 삼회장저고리를 보면 42cm로 짧아집니다. 그러던 것이 조선 후기로 오면 극단적으로 짧아지지요. 1780년 청연군주의 문단 삼회장저고리는 19.5cm이며, 조선 말 1900년대에 아주 짧아진 저고리는 길이가 12cm밖에 안 된 것도 있었습니다.

물론 저고리 길이의 유행은 기생들이 이끌었을 것이지만 조선
후기쯤 되면 사대부가의 점잖은 여성을 빼고는 많은 여성이
짧은 저고리를 입었습니다. 이는 조선시대 저고리에 유행이
있었음을 말해줍니다. 이렇게 짧아진 저고리는 젖가슴이
보일락 말락 하는 것은 물론 배래(한복의 옷소매 아래쪽
부분)도 붕어의 배처럼 불룩 나온 붕어배래가 아니라 폭이
좁고 곧은 직배래여서 이 정도 되면 혼자는 도저히 입을 수
없었습니다. 이처럼 맵시를 위해 불편함을 감수했던 것이
1930년대에 오면 다시 저고리 길이가 길어져 현대와 비슷한
26cm가 된 것을 보면 여성들의 저고리에서도 유행의 흔적을
엿볼수 있어 흥미롭습니다

▲ 혜원 신윤복의 풍속화 〈어물장수〉, (국립중앙박물관 소장)

3.
왕비가
예복차림에 입었던
대란치마

대란치마는 조선 왕실과 대한제국 황실 여성이 적의(翟衣)
곧 왕비와 왕세자빈을 비롯하여, 왕대비나 대왕대비와 같은
왕실 적통의 여성 배우자들이 입는 법복(法服)이나 원삼(圓衫)
조선시대 부녀자들이 입던 예복) 따위 예복 차림을 할 때
아래옷으로 갖추어 입는 치마입니다.

치마는 다홍이나 남색 비단으로 만들고 치마를 장식하기 위한
스란단은 두 층으로 붙이는데 윗 스란단 너비는 22~25cm,
아래 스란단 너비는 15~19cm입니다. 스란단에 황후는
용무늬, 왕비나 왕세자빈은 봉황무늬, 공주나 옹주는 수(壽),
복(富), 남(男), 다(多) 따위의 글자나 석류·불로초·연꽃 등의
그림을 금실로 짜거나 금박을 놓습니다.

대란치마 말고 궁중 여인들의 옷으로 스란치마라는 것도
있는데 이는 평상시 당의를 입을 때 아래옷으로 갖추어
입는 치마입니다. 또 이 스란치마는 적의나 원삼 등의 예복

차림을 할 때 대란치마 안에 입는 옷이기도 한데 스란단은
대란치마와 달리 한 단만 붙입니다. 요즘 혼례식 때 신부는
누구나 할 것 없이 서양에서 온 하얀 드레스를 입지만 전통
혼례를 하면서 이렇게 화려하고 아름다운 대란치마를 입고
왕비가 되어보는 것도 좋겠지요.

▲ 영친왕비가 대례복으로 입었던 대란치마, 전체 길이 141cm,
스란치마, 전체 길이 133cm (국립중앙박물관 소장)

4.
여성은
얼굴을 감추어라,
쓰개치마 · 너울 · 장옷

조선시대 남녀 사이 자유스러운 만남을 못 하게 했던 관습을
내외(內外)라 했습니다. 내외의 기원은 유교 경전《예기(禮記)》
내측편(內則篇)에 "예는 부부가 서로 삼가는 데서 비롯되는
것이니, 궁실(궁궐에 있는 방)을 지을 때 내외를 구별하여 남자
는 밖에, 여자는 안에 거처하고, 궁문을 깊고 굳게 하여 남자는
함부로 들어올 수 없고, 여자는 임의로 나가지 않으며, 남자는
안의 일을 말하지 않고, 여자는 밖의 일을 말하지 않는다"
라고 한 예론에서 비롯되었지요.

이 내외법에 따라 여성들은 바깥나들이를 쉽게 할 수도
없었지만, 꼭 해야 할 때는 내외용 쓰개를 써야만 했습니다.
그 종류를 보면 얇은 검정 비단으로 만든 너울(羅兀), 치마와
같은 것으로 끈이 달린 쓰개치마, 두루마기와 비슷한 형태로
겉감은 초록색, 안감은 자주색을 쓴 장옷, 방한을 겸한 내외용
쓰개 천의, 비나 볕을 피하기 위한 삿갓, 주로 기녀들이 바깥
나들이용으로 머리에 썼던 전모 따위가 있었습니다.

110

쓰개 가운데는 주로 장옷과 쓰개치마가 많이 쓰였는데 조선
후기 화가 신윤복이 그린 풍속화 국보 제135호 〈풍속도 화첩〉
에 보면 장옷을 쓴 여인이 보이고, 역시 신윤복이 그린 〈월하정
인도〉를 보면 쓰개치마를 쓴 모습을 볼 수 있습니다. 또
《가례도감의궤》에는 너울을 쓴 상궁 모습이 보이며, 신윤복의
그림 〈전모를 쓴 여인〉에 전모가 나와 있지요.

▲《가례도감의궤》의 너울을 쓴 상궁, 신윤복 〈풍속도 화첩〉의 장옷 쓴 여인,
신윤복이 그린 〈월하정인도〉에 보이는 쓰개치마,
신윤복 그림 〈전모를 쓴 여인〉에 보이는 전모 (왼쪽부터 시계방향)

5.
섶코·버선코 등
코가 아름다운
한복 차림

한복 차림에는 코가 둘이나 있습니다. 먼저 발을 감추는 버선은 앞코가 살짝 들어 올려졌습니다. "밑에는 남치마가 보이고 그 진한 남빛 치마 아래에서는 하얀 송편 같은 버선코가 빠끔히 내다보고 있다" 한설야는 장편소설 《탑》에서 버선코를 이렇게 묘사합니다.

버선코에 감춘 아름다움이 있다면 저고리의 섶코는 늘 당당하게 드러내는 아름다움입니다. 섶코는 저고리 자락의 아래 끝 둘레인 도련이 살짝 추켜 올라가다 겉섶과 만나 한껏 꺾어져 올라간 것입니다. 따라서 이 섶코의 아름다움은 한복을 더욱 당당하게 하지요. 사람의 몸을 작은 우주라 생각한다면, 그 우주에서 가장 아름다운 부분이라 할 코를 빌려와 섶코라고 이름 지은 것은 참으로 멋스럽다고 하겠습니다.

한복 저고리를 마름질해 짓다 보면 섶코를 얼마나 잘 뽑아 내느냐에 따라서 바느질이 달라지고, 옷 입은 자태가 달라지며, 1mm나 될 듯한 한 땀의 솜씨로 한복의 아름다움을 좌우한다고 말합니다. 그러므로 한복 차림에서 이 섶코와 버선코를 생략한다면 그 진정한 아름다움을 버리는 일이 될 것입니다.

한복의 코를 닮아 살짝 들어 올린 기와집 처마도 한국의 아름다움을 드러내고 있습니다. 같은 기와지만 꺾임 없이 아래로 거침없이 떨어뜨리는 일본식 기와와 견줘보면 그 아름다움을 알 수 있겠지요.

▲ 저고리의 섶코는, 버선코와 더불어 한복의 아름다움이다 (그림 오희선 작가)

6.
우아하고
멋스러운 한복
당의

서울 용산의 국립중앙박물관에는 조선시대에 여자들이
입었던 예복인 당의(唐衣)가 소장돼 있습니다. 저고리 위에
덧입었던 당의는 색에 따라 연두·자주·남색·백색 당의
등으로 나눌 수 있으며, 가장 많이 입은 것은 연두당의입니다.
당의에는 보통 겉감을 녹색으로 하고 안감은 붉은색으로
합니다. 여름에는 당의 속에 슬쩍 비치는 저고리와 치마의
사각거림, 겨울에는 초록 비단에 화려한 금박무늬가
돋보이지요. 여름에 입는 홑당의는 당적삼·당한삼이라고도
합니다.

당의의 특징은 한복의 곡선미를 강조한 데 있으며 길이는
무릎까지 오고 소매가 좁았습니다. 앞뒤 길이는 저고리
길이의 약 3배 정도가 되며 겨드랑이 아래부터 양옆이
트이고, 맨 아랫부분인 도련이 아름다운 곡선을 이룹니다.
고름은 자주색으로 왼쪽 코깃에 2장을 겹쳐 달고 오른쪽에
짧은 고름을 1장 달지요.

당의는 조선시대 여성 예복의 하나로 왕실에서는 크고 작은
예식과 윗분한테 문안할 때 입었을 뿐만 아니라, 재료와 꾸밈,
구성에 차이를 두어 상궁과 아낙네들도 예복으로 입었습니다.
또 양반집 부인들은 입궐할 때 예복으로, 일반인들은 혼례복
으로 입기도 하였지요. 당의를 혼례복으로 입을 때는 활옷·
원삼 등을 입을 때처럼 속옷을 갖추어 입은 뒤 치마·저고리
위에 입었습니다. 머리에는 화관을 썼으며 옷고름에는
노리개를 찼고 비단신을 신었지요.

▲ 당의, 조선시대, 길이 82.8cm · 화장 77.0cm (국립중앙박물관 소장)

7.
딸의
혼숫감으로 챙긴
살창고쟁이

여자 한복 가운데 고쟁이라는 속옷은 남자 바지와 비슷하지만, 밑이 터져있고, 가랑이 통이 넓습니다. 이 고쟁이 종류 가운데는 살창고쟁이가 있는데 경북지역에서 많이 입던 여름용 고쟁이입니다. 살창고쟁이는 허리둘레를 따라 약 6㎝ 폭에 15~20㎝ 길이의 직사각형 구멍을 10개 이상 낸 다음 구멍의 테두리를 바늘로 감침질하고 허리말기(치마나 바지의 허리에 둘러서 댄 부분)를 단 속바지지요.

살창고쟁이는 그 독특한 모양 때문에 다른 이름들도 있습니다. 살창(가는 나무나 쇠 오리로 살을 대어 만든 창)처럼 생겼다고 살창고쟁이지만, 문어 다리처럼 생겼다 하여 문어고장주, 가위로 잘라냈다는 뜻으로 사투리 가새로 된 가새고장주라고도 합니다.

그런데 이 살창고쟁이는 시집갈 때 예의를 갖추기 위하여 여러 벌의 옷을 겹쳐 입어서 몹시 더웠을 새색시에게 조금

116

이라도 시원하라고 친정어머니가 만들어 입혀 보낸 것입니다.
또 시집살이도 그 옷처럼 시원하게 살라는 바람이 있었으며,
시집가는 딸의 행복을 비는 친정어머니의 지극한 사랑이
담겨 있습니다. 또 살창고쟁이의 뚫린 구멍으로 신부의 흉이
새어나가 시집살이가 수월하기를 기대하는 마음도 담겨있다
지요. 이 살창고쟁이는 1930년대까지 입다가 이후부터는 앞이
막히고 뒤만 트인 개화고장주에 자리를 내어주었습니다.

▲ 살창고쟁이

8.
138쌍의
꿩무늬가 새겨진
영친왕비 적의

국립고궁박물관에는 영친왕비가 1922년 순종을 알현할 때 입었던 대례복영친왕비 적의(翟衣)가 있습니다. 적의란 고려 말부터 조선 말까지 왕비나 왕세자빈이 혼례인 가례(嘉禮) 때 입었던 옷입니다. 적의의 뜻은 적문(翟紋) 곧 꿩무늬를 일정한 간격을 두고 규칙적으로 넣어 짠 옷감으로 만든 옷이라 하여 붙여진 이름입니다. 실제 이 적의에는 138쌍의 꿩과 오얏꽃 형태의 소륜화(小輪花) 168개의 무늬가 9줄로 짜여 있습니다.

깃(저고리나 두루마기의 목에 둘러대어 앞에서 여밀 수 있게 된 부분)·도련(두루마기나 저고리 자락의 맨 밑 가장자리)·섶(저고리나 두루마기 따위의 깃 아래쪽에 달린 길쭉한 헝겊)과 소맷부리(옷소매에서 손이 나올 수 있게 뚫려 있는 부분)에는 붉은색 바탕에 노란색의 구름과 봉황무늬로 선을 둘렀습니다. 적의의 앞뒤, 그리고 어깨에는 다섯 가지 색깔과 금실로 수를 놓은 너비 17.5cm의 오조룡보 곧 발톱이 5개인 흉배를 붙였지요. 또 너비 8.3cm 겉고름은 긴 쪽은 93cm, 짧은

쪽은 83cm이고 안고름은 각각 93cm, 86cm입니다.

영친왕비는 대한제국기 마지막 황태자인 영친왕의 비를 말합니다. 일본왕족 나시모토노 미야(梨本宮)의 장녀로 1920년 4월 한일융화의 초석이 되라는 일왕의 명령에 따라 대한제국 이은 황태자와 강제로 정략혼인을 하였지요. 일본의 황태자였던 히로히토의 강력한 배우자 후보였다가 탈락했던 까닭은 그녀가 불임이어서 대를 이을 수 없다는 것이었으니 대한제국 황태자와의 혼인은 결국 "조선의 대를 끊기 위한 것"임이 분명합니다. 영친왕비는 1989년 4월 30일, 88살을 끝으로 창덕궁 낙선재에서 지병으로 세상을 떴습니다.

▲ 138쌍의 꿩무늬가 새겨진 영친왕비의 적의 (국립중앙박물관 소장)

9.
주로 무신들이
입었던 긴치마 옷
철릭

조선시대 여성들의 옷을 보면 저고리와 치마가 그 중심에 있습니다. 그러나 남성들은 저고리와 바지가 아니라 덧입는 큰 옷, 곧 포(袍)가 중시되는 삶이었습니다. 그 포는 지금 두루마기만 남아 있지만, 조선시대에는 남성들의 중심 옷답게 종류가 참 많았지요. 먼저 벼슬아치들이 입는 단령(團領)과 단령 안에 받침옷으로 입거나 따로 겉옷으로 입었던 직령(直領), 옆트임이 있는 반소매 포인 답호(褡護), 소매가 넓은데 무(저고리의 너비를 넓히고, 틀어짐을 막기 위하여 옷감의 조각을 겨드랑이 밑에 붙인 천조각)가 없고 양옆이 트여 있는 중치막(中致莫), 소매가 넓고 뒤 솔기(옷을 지을 때 두 쪽의 옷감을 실로 꿰매어 이은 부분)가 갈라져 있는 창의(氅衣)가 있으며 그 밖에 철릭, 도포, 액주름, 소창의 따위도 있습니다.

그 가운데 특히 철릭은 종아리까지 내려오는 기다란 옷인데, 저고리 아래에 주름을 많이 잡은 치마를 붙여놓은 것입니다. 곧은 옷깃을 왼쪽에서 오른쪽으로 교차시켜서 앞을 여미었고,

단령 밑에 받침옷으로 늘 입었습니다. 철릭은 융복(戎服)이라
하여 주로 무신이 입었지만, 문신도 다른 나라에 사신으로
파견될 때나 전쟁이 나서 임금을 궁궐 밖으로 따라갈 때
입었는데, 당상관(堂上官, 정삼품 이상의 벼슬아치)은
푸른빛, 당하관(堂下官, 정삼품 아래의 벼슬아치)은 붉은빛을
입었지요.

철릭의 웃옷은 몸에 맞게 만드는 대신 치마부분은 옷감을
여러 폭 붙여서 넓게 만듭니다. 그리고 웃옷과 일정한 간격을
두고 규칙적으로 조선전기에 상하 같게 하던 것을 후기로
가면서 점차 1:3 정도가 될 정도로 치마가 길어집니다. 남성옷
이지만 유행이 분명이 있었던 것이지요. 철릭 가운데 요선철릭
은 허리에 여러 겹의 주름을 잡은 것으로 참 아름답다는 평을
받습니다. 철릭은 첩리(貼裏), 천익(天翼), 철릭(裰翼) 같은
한자말로 쓰기도 했는데 원래 철릭이 토박이말인 것을 한자로
쓸 때 "릭"자를 대신할 글자가 없었기 때문에 어쩔 수 없이
음만 빌려서 쓴 것으로 보입니다.

▲ 허리에 가로 주름이 아름다운 요선철릭 (국립중앙박물관 소장)

10.
연한 녹색빛이
아름다운
영조임금의 도포

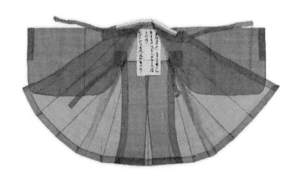

▲ 국가민속문화재 '영조대왕 도포' (문화재청 제공, 파계사)

대구시 동구 중대동에는 파계사(把溪寺)라는 절이 있는데 이곳에 국가민속문화재 '영조대왕 도포(道袍)'가 소장되어 있습니다. 이 도포는 1979년 파계사 원통전(圓通殿)의 관세음보살상을 금칠하다가 발견한 것입니다. 이 도포와 함께 발견된 발원문에는 "영조 16년(1740) 9월 파계사 대법당을 수리하고 영조가 탱화 1,000불을 희사하면서 이곳을 왕실을 위해 기도하는 도량으로 삼고 영조의 청사상의(靑紗上衣)를 복장하여 만세유전을 빈다"라고 기록되어 있지요. 이 발원문은 한지에 적혀 도포에 꿰매져 있습니다.

도포는 조선시대에 임금을 비롯하여 사대부의 외출복으로
입었던 옷인데 영조의 이 도포는 무늬 없는 연한 녹색빛 비단
으로 지은 홑옷입니다. 폭이 넓은 두리 소매(직선 배래)이며
깃의 모양은 목판과 당코깃(여밈 끝이 버선코처럼 뾰족한
모양의 깃) 모양이 절충된 반당코깃(반목판깃)이지요.
일반인의 도포가 곧은깃(직령깃)인데 견주어 반목판깃의
형태여서 서민과 왕족이 입은 도포의 양식이 달랐음을 알 수
있습니다.

영조대왕의 이 도포는 전해오는 유물 도포 가운데 오래된
것이면서도 무덤 따위에서 출토된 것이 아닌 현존물이어서
형태와 빛깔이 비교적 완전하고 비단 도포의 아름다움을
잘 지니고 있습니다. 더구나 임금이 입었던 것임을 밝히는
발원문이 있어서 복식사적 값어치가 크다는 평가입니다.

11.
남자아이들이
돌 때 입었던
사규삼

▲ 남자아이의 관례 때나 돌 때 입었던 사규삼 (경운박물관 소장)

예전 어린아이들이 평상시 입던 한복 가운데 사규삼(四䙆衫)이 있습니다. 사규삼이란 옷자락이 네 폭으로 갈라져 있는 데서 나온 이름이라 생각됩니다. 또 사규삼을 결과복(缺胯服)이라고도 하는데, 결과복이란 원래 중국에서는 싸움터에서 입는 옷으로 일종의 융복이라 할 수 있지요. 이것이 우리나라에 들어와서 남자아이의 예복 비슷한 구실을 하게 된 것입니다.

조선 후기의 학자 이재(李縡)가 펴낸 관혼상제의 사례(四禮)에 관한 책 《사례편람(四禮便覽)》 관례조(冠禮條)에서는 "남색의 명주 옷감으로 빚는다. 옷깃은 여미게 되어 있고, 소매는 둥글며, 깃을 트고 뒤를 쪼개었다. 비단으로 깃과 소매끝 그리고 옷자락 양 깃과 밑 가장자리를 둘렀다. 선비들이 입는 중치막과 비슷하다"라고 되어있습니다.

사규삼은 원래 왕세자의 예복이었지만, 남자아이가 어른이 되는 예식인 관례 때도 입었는데 관례 때 이 사규삼을 입고, 행전(바지를 입을 때 정강이에 감아 무릎 아래에 매는 것)을 치고, 채극(彩屐, 색칠한 나막신)을 신고 임하였습니다. 또한, 이 사규삼을 남자아이가 돌 때도 입었으며, 평상복으로 입을 때에는 머리에 복건이나 갓을 썼습니다. 귀여운 우리 아이의 돌 때 사규삼을 입히면 멋지지 않을까요?

12.
염소뿔도 녹는 여름날,
등등거리 입어볼까?

옛사람들은 한여름 더위를 불볕더위, 땡볕더위, 된더위라고
했으며 "더위 때문에 염소뿔이 녹는다"라고 했습니다. 그런데
불볕더위, 땡볕더위, 된더위는 습기가 적고, 햇볕이 쨍쨍 쬘
때의 더위이고, 습도가 높아 물기 때문에 축축하기도 하다는
뜻의 찜통더위와 무더위는 다른 것이지요.

이렇게 된더위 속의 조선시대 사람들이 더위를 극복하는 한
방법으로 모시저고리 밑에 등등거리를 받쳐 입기도 했습니다.
등등거리는 소매가 없어 등배자(藤褙子)라고도 부르는데
등나무 줄기를 가늘게 쪼개서 얼기설기 배자 모양으로
엮어 만든 것입니다. 등등거리를 입으면 땀이 흘러도 옷이
살갗에 직접 닿지 않아 적삼에 배지 않고, 등등거리가 공간을
만들어주기에 공기가 통하여 시원합니다.

이 등등거리는 등나무 가지로 만든 팔에 차는 등토시와 함께
여름나기에 중요한 옷이었지요. 등등거리를 입은 선비는
쥘부채(합죽선)를 부쳐가며 책을 읽다가 죽부인을 안고

화문석 돗자리에 누워 잠을 청했습니다. 이제 이 등등거리도 박물관에나 가야 볼 수 있는 옷이 되고 말았습니다. 조선 후기 실학자 서유구가 쓴 《임원경제지(林園經濟志)》 3권 섬용지 (贍用志) 기록에 보면 "등줄기를 엮어서 배자형으로 만들고 여름 피부에 직접 닿게 입어 옷에 땀이 스며드는 것을 막아 준다"라는 기록이 있습니다.

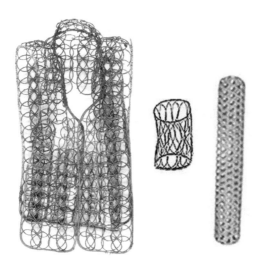

▲ 옛사람들의 여름나기, 왼쪽부터 등등거리 등토시, 죽부인 (국립민속박물관 소장)

13.
왕비가 임신하면
직접 아기누비옷 지어

우리 겨레는 예전에 한겨울 추위를 누비옷으로 견뎠습니다. 누비는 원래 몽골의 고비 사막 일대에서 시작되어, 기원전 200년쯤 중국과 티베트에서 쓰였다고 하는데 조선시대에는 치마, 저고리, 포, 바지, 두의(頭衣, 쓰개), 신발, 버선, 띠 등 옷가지와 이불 따위에 누비가 다양하게 쓰였습니다. 누비는 보통 보온을 위해 옷감 사이에 솜을 넣고 함께 홈질해 맞붙이는 바느질 방법입니다. 그냥 솜옷은 옷을 입을수록 옷감 안에서 솜이 뭉쳐버립니다. 하지만, 누비를 해놓으면 이렇게 뭉치는 일도 없고, 누비 사이에 공기를 품고 있어서 더 따뜻하지요.

본래 누비는 스님들이 무소유를 실천하려고 넝마의 헝겊 조각을 누덕누덕 기워서(納) 만든 옷(衣) 곧 납의장삼(納衣長衫)에서 나온 말이라고 합니다. 납의가 나비로 소리 나다가 이것이 다시 누비로 자리 잡은 것이라지요. 여기서 '누비다'라는 새로운 바느질 양식이 나오게 되었습니다. 누비는 무늬의 모양에 따라 줄누비, 잔누비, 오목누비 따위로 나뉩니다.

이 가운데 홈집이 촘촘한 잔누비는 홈질줄의 간격이 1㎜ 정도
인데 정말 정교하고 아름답습니다.

누비는 섬세한 작업인 만큼 정성을 쏟지 않으면 제대로 된
작품을 만들어 낼 수 없습니다. 그래서 누비옷은 아이들 옷이
라도 한 달은 걸려야 하지요. 조선시대 왕비가 임신하면 장차
태어날 아기에게 입힐 누비옷을 짓는 일도 태교의 하나였으며
왕비가 직접 지었습니다.

이 누비 기법으로 바느질하는 장인인 국가무형문화재 누비장
의 현재 예능보유자는 김해자 선생입니다.

▲ 국가무형문화재 김해자 선생이 지은 아이옷 〈겹누비 까치두루마기〉

14.
예쁜 아이들에게
액주름 입혀볼까?

　요즈음은 아이옷이고 어른옷이고 간에 말끔하게 만들어 놓은 기성복을 사 입는 시대가 되고 말았지만, 지금으로부터 70여 년 전만 해도 옷이란 한 땀 한 땀 여인들의 정성스러운 손끝이 아니면 입을 수 없는 '귀한 것'이었습니다. 그 옷들의 종류를 보면 태어나 처음으로 입는 배내옷부터 어여쁜 돌복은 물론이고, 인생에서 가장 아름다운 혼례옷 그리고 삶을 마치고 무덤에 들어갈 때 입는 수의에 이르기까지 그 어느 것 하나 허투루 생각할 수 없는 다양한 옷들이 있었지요.

그렇게 태곳적부터 우리 겨레가 즐겨 입던 옷들이 이제는 전통옷이라는 이름이 붙어 박물관에 가야 그 모습을 볼 수 있을 뿐입니다. 하지만 옛 여인들이 가족사랑으로 한 땀 한 땀 지은 한 벌의 옷이 드러내는 역사적 무게는 선비들이 지은 책 한 권의 무게보다 더 깊고 그윽했음을 우리는 알 수 있습니다. 특히 예쁜 아이들에게 입혔던 옷을 보면 까치두루마기(색동 소매가 달린 남자아이의 두루마기, 때때옷이라고도 함), 동다리옷(조선 후기 무관이 입었던 군복으로 아이들도

입었다), 사규삼(아이들이 입던 두루마기 종류), 액주름 등이
있지요.

여기서 액주름이란 양쪽 겨드랑이 밑에 주름이 잡혀 있는
포로 남자아이들이 나들이할 때 입었던 옷을 말합니다.
액주름을 한자말로는 액추의(腋皺衣)라고도 하는데 여기서
'추(皺)'는 주름 잡힌 쭈그러질 추자로 겨드랑이 밑에 쭈그려서
주름잡은 옷이라는 뜻입니다. 이 포는 형태로 볼 때 길과 섶이
웃옷과 치마로 나뉘지 않고 옆에 달린 무(웃옷의 양쪽 겨드랑
이의 아래에 대는 딴 폭)만 따로 주름잡아 겨드랑이 밑에서
연결한 옷이지요. 지금 아이들에게 예쁜 액주름을 입히는
부모들을 볼 수 있으면 좋겠습니다.

▲ 남자아이들이 나들이할 때 입었던 액주름 (석주선기념박물관 소장)

15.
선비의 고귀한
기품이 풍기는 옷
심의

충북 제천의 의병전시관에는 등록문화재 '의병장 유인석 심의'가 전시되어 있습니다. 의병장 유인석 심의는 조선 후기의 학자이자 의병장으로 활약했던 유인석(1842~1915) 선생이 평소 입었던 옷으로 조선시대 유학자들이 입던 겉옷입니다. 또 순천시에는 대한제국 전후 으뜸 초상화가로 일컬어지는 채용신이 그린 우국지사인 매천 황현(黃玹, 1855~1910)의 초상화(보물)가 있는데 이 모습이 심의를 입고 있는 모습입니다.

심의는 철릭(관복의 하나로 웃옷과 아래옷을 따로 만들어 허리에서 이어붙인 옷)과 난삼(조선시대에 유생, 생원, 진사 등이 입던 예복)·학창의(선비가 집에 거처하면서 한가롭게 입는 옷)에 영향을 끼치기도 했지요. 심의는 염색하지 않은 백세포(白細布)로 만들며 아래의 치마 부분은 12폭으로 지어서 웃옷의 허리와 연결해 여유를 보여준 것이 특징입니다. 심의를 입을 때는 비단으로 만든 검은빛 복건을 쓰고 띠를

매었는데 심의의 흰색과 가장자리의 검은색, 복건의 검은 색
이 조화를 이루어 학자다운 고귀한 기품을 풍기는 옷이지요.

각 부분의 형태에는 철학적인 의미가 들어있는데 웃옷과 아래
옷을 따로 마름질(재단)하는 것은 우주의 근본이 건곤(乾坤)에
있음을 상징합니다. 곧 건은 위에, 곤은 아래에 있어서 우주를
형성하는데 웃옷은 건을, 치마는 곤을 상징한 것이며, 건은 곤
과 통하는 것이므로, 이 둘을 이어 붙인 것입니다. 또 치마를
12폭으로 마름질하는데, 이는 하늘의 순리가 운행되면 한 해
가 12달로 구현된다는 것을 나타냅니다.

▲채용신이 그린 심의를 입고 있는 '황현 초상', 비단에 채색, 120.72.8cm
(전남 순천시 제공)

16.
영친왕비가
허리에 찼던
두루주머니

▲ 영친왕비가 찼던 〈쌍학문 자수 두루주머니〉
(국립고궁박물관 소장)

국립고궁박물관에는 순종비(純宗妃) 윤황후(尹皇后)가 영친왕비(英親王妃)에게 내려주었다는 〈영친왕비 쌍학문 자수 두루주머니〉가 있습니다. 주머니 가운데에는 두 마리 학이 정면을 향하여 날아들어 긴 목을 서로 부드럽게 감고 있는 모습을 수놓았지요. 학 주변은 구름무늬로 채웠는데, 안은 금사로 메우고 무늬 가장자리를 역시 금사로 마무리했습니다. 주둥이는 주름을 잡고, 좌우로 구멍을 뚫어 남색 끈을 꿰고 거기에 매듭을 장식하여 양쪽으로 늘어뜨려 붉은색 금사로 가락지를 끼워 마무리하였지요.

주머니는 자질구레한 물건이나 돈 따위를 넣고 허리에 차거나 손에 들고 다니는 꾸미개입니다. 옛날에는 남녀노소 누구나 지녔는데, 특히 대한제국 말기에 서양에서 들어온 조끼를 뺀 다른 한복에는 물건을 넣을 만한 주머니가 없어 꼭 필요한 것이었습니다. 그 주머니 가운데 아래는 둥글고 위를 모나게 하여 입구에 잔주름을 잡아 오므리는 주머니를 두루주머니라 합니다. 두루주머니 가운데서도 특히 오방색 곧 노랑, 파랑, 하양, 빨강, 검정의 5가지 빛깔을 써서 아름답게 만든 것이 오방낭자(五方囊子) 곧 오방 두루주머니입니다.

여기서 오방색이란 음과 양의 기운이 생겨나 하늘과 땅이 되고 다시 음양의 두 기운이 목(木)·화(火)·토(土)·금(金)·수(水)의 오행을 생성하였다는 음양오행사상을 바탕으로 한 것이지요. 오방색은 나쁜 기운을 막고 무병장수를 비손해 돌이나 명절에 어린아이에게 색동저고리를 입히는 것, 잔치상 국수에 올리는 오색 고명, 궁궐·절 등의 단청, 고구려의 고분 벽화, 조각보나 공예품 등에 오방색을 쉽게 찾아볼 수 있습니다. 아이들에게 생일 또는 특별한 날만이라도 색동한복을 입히고 오방 두루주머니를 차도록 하면 어떨까요?

17.
한복 차림을
더욱 우아하게 하는
노리개

▲ 대삼작노리개(왼쪽), 노리개 (국립민속박물관 소장)

노리개는 조선 여인네들의 한복 저고리 겉고름 또는 치마허리
에 차는 꾸미개(장식)입니다. 모양이 다양하면서도 화려하고
섬세한 노리개는 궁중 사람들은 물론이고, 백성에 이르기까지
두루 즐겨 찼습니다. 몸에 차는 꾸미개는 원래 칼이나 숫돌
같은 삶에 필요한 물건을 허리에 찼던 북방 유목민들의 풍속
이 전해진 것이라 하지요. 서긍의 《고려도경》에는 "고려시대
귀족 부녀자들이 허리띠에 금방울향주머니를 찼다"라는 기록
도 있습니다. 이렇게 허리띠에 달았던 꾸미개들은 고려시대
후기에 들어서면서 저고리의 길이가 짧아지자 허리 대신 고름
에 달게 되었지요.

노리개는 대삼작, 중삼작, 소삼작으로 나뉘는데 대삼작노리개는 궁중이나 양반가의 혼례용으로 쓰였고, 중삼작노리개는 궁중과 양반들의 일상에서, 소삼작은 젊은 여성이나 아이들이 차던 것입니다. 특히 대삼작은 옥나비, 밀화불수(密花佛手, 밀랍 느낌의 천연호박으로 만든 꾸미개), 산호가지, 은장도 따위로 꾸며 매우 화려하지요.

노리개는 띠돈, 끈목, 꾸미개, 매듭, 술의 5가지로 나뉘는데 먼저 띠돈(帶金)은 노리개의 맨 윗부분에 달린 고리로 노리개 전체를 옷끈에 달 수 있도록 만듭니다. 네모 · 동그라미 · 꽃모양 · 나비모양 따위의 형태로 만들고 띠돈의 겉면에는 꽃 · 불로초 · 용 따위의 동식물무늬와 길상무늬를 새깁니다. 이 띠돈을 꾸미개술과 연결하는 끈목(多繪)이 꾸미개(패물)와 연결해주고 있습니다.

그리고 끈목에 달리는 꾸미개(패물)는 한 개를 다는 단작 노리개와 세 개를 한 벌로 다는 삼작노리개가 있지요. 재료에 따라 금 · 은 · 옥 · 밀화 · 산호 노리개, 형태에 따라 박쥐 · 나비 · 매미 · 천도(복숭아) · 투호 · 방아다리 노리개로 불립니다. 이밖에 향갑 · 향낭 · 침낭 · 장도와 같이 실용적인 것을 달기도 하지요. 또 꾸미개에는 매듭이 달리는데 꾸미개를 더욱 아름답게 보이도록 합니다. 마지막으로 달리는 술(流蘇)은 길게 늘어뜨려 노리개를 우아하게 보이도록 해주는데 딸기술 · 봉술 · 끈술 · 방울술 따위가 있습니다. 이제 한복도 외면당하는 이때 노리개를 단 우아한 여인을 길에서 보기는 어려워졌습니다.

18.
조선시대 신발,
태사혜 · 운혜 · 당혜 · 흑혜

조선시대 사람들은 바지저고리와 치마, 배자와 두루마기 같은 한복을 입었습니다. 그런데 신은 무얼 신었을까요? 물론 백성이야 짚신과 마로 삼은 미투리(麻鞋)를 신었지만, 양반들이 신는 신으로는 목이 긴 화(靴)와 목이 짧은 이(履)가 있었습니다. 그런데 화보다 더 많이 신었던 이(履)에는 태사혜, 당혜, 운혜, 흑피혜 같은 것들이 있습니다.

그 가운데 먼저 태사혜(太史鞋)는 코와 뒤에 태사라 하는 흰 줄무늬를 새긴 남자용 신입니다. 흔히 사대부나 양반계급의 나이 많은 사람이 평상시에 신었는데 현재 국립중앙박물관에는 고종이 신었다는 태사혜 한 켤레가 있지요. 조선 말기에 와서는 임금도 웅피혜(熊皮鞋, 곰가죽 신)나 녹피혜(鹿皮鞋, 사슴가죽 신) 같은 고급스러운 태사혜를 신었음을 알 수 있습니다. 문무백관들이 조정에 나갈 때는 검정 가죽으로 만든 흑피혜(黑皮鞋)를 신었지요.

또 당혜(唐鞋)는 조선시대 부녀자가 신던 갖신을 이릅니다.

코와 뒤꿈치에 당초(唐草) 무늬를 놓아 만든 신으로, 안은 융 같은 푹신한 감으로 하고 거죽은 가죽을 비단으로 싸서 만들었지요. 이 밖에 부녀자들은 구름무늬가 수놓아진 운혜 (雲鞋)도 신었습니다. 그런데 요즘 어떤 이들은 한복에 고무신을 신습니다. 그러면서 고무신이 한복의 기본인 줄 아는 사람도 있습니다. 하지만, 고무신은 일제강점기에 들어온 것으로 전통한복의 격에 맞는 것은 아니며, 태사혜를 개량한 갖신을 신어야 한복과 어울릴 것입니다.

▲ 태사혜, 흑혜, 운혜, 당혜 (왼쪽부터 시계방향)

19.
단정한 몸가짐에
꼭 필요했던
얼레빗과 참빗

수단곤륜옥(誰斷崑崙玉) 누가 곤륜산 옥을 베어내어
재성직녀소(裁成織女梳) 직녀의 머리 빗 만들었나
견우일거후(牽牛一去後) 견우 한번 떠나간 뒤
수척벽공허(愁擲碧空虛) 수심에 젖어 푸른 허공에 던져버렸소

시인 황진이는 〈반달을 노래함(詠半月)〉이라는 시조에서 반달을 "직녀가 견우와 이별한 뒤 하늘에 던져버린 그녀의 얼레빗"이라고 표현합니다. 칠석이 지나서 견우와 헤어졌으니 머리를 예쁘게 빗어도 보아줄 사람이 없기에 하늘에 던져버린 것이지요. 반달은 보름이 되면 보름달이 되지만 반달 자체만으로는 반쪽일 뿐입니다. 옛사람들은 얼레빗이 반달 모양으로 생겼다 하여 월소(月梳)라고도 불렀습니다.

우리 겨레가 썼던 전통 빗의 대표적인 것으로는 빗살이 굵고 성긴 얼레빗과 가늘고 촘촘한 참빗이 있지요. 그 밖에 빗살을 한쪽은 성기게 하고 다른 쪽은 촘촘하게 하여 양쪽의 용도가

다르게 만든 음양소(陰陽梳), 관자놀이와 귀 사이에 난 머리털을 빗어 올리는 작은 면빗, 상투를 틀어 올릴 때 쓰는 상투빗이 있지요. 또 남성들이 망건을 쓸 때나 살쩍(관자놀이와 귀 사이에 난 머리털)을 망건 속으로 밀어 넣을 때 쓰는 얇고 긴 모양의 살쩍밀이도 있습니다.

시집갈 때는 아무리 가난해도 빗 하나는 품고 갔다고 할 만큼 단정한 몸가짐에 꼭 있어야 하는 것이었지요. 평소에는 경대에 넣거나 한지로 만든 빗접에 넣어두기도 하고 빗접고비에 꽂아두기도 했습니다. 큰머리 · 땋은머리 · 낭자머리가 사라지면서 빗을 쓸 일이 점차 줄었음은 물론 플라스틱으로 만든 여러 가지 형태의 빗이 나오고 있어서, 전통 빗은 전라도 담양 · 영암 등에서 만들어 관광용품으로 겨우 명맥만 유지하고 있을 뿐입니다.

▲ 얼레빗 (왼쪽), 참빗

20.
갓을 쓰지 않아도
선비정신만은
잊지 말아야

▲ 성인 남자가 나들이할 때 쓰던 갓

조선시대를 배경으로 한 사극에 어김없이 나오는 갓은 성인 남자들이 나들이할 때 반드시 갖추어야 할 예복 가운데 하나입니다. 갓은 원래는 햇볕, 비, 바람을 가리기 위한 실용적인 머리쓰개였으나 주로 양반의 사회적인 신분을 반영하는 쓰임새로 바뀌었습니다. 갓은 넓은 의미로 양태의 구별이 어려운 방갓형과 그 구별이 뚜렷한 패랭이형으로 나뉘는데 일반적으로 흑립·칠립·평립이라고도 합니다.

갓은 말갈기나 꼬리털인 말총으로 만듭니다. 갓을 만드는 과정을 '갓일'이라고 하는데 총모자, 양태, 입자로 나눕니다. 총모자는 컵을 뒤집어 놓은 듯한 우뚝 솟은 원통 모양 부분을 말꼬리털 또는 목덜미털을 사용해 만드는 것을 가리킵니다.
또 양태는 대나무를 머리카락보다 잘게 쪼개서 레코드판처럼
얽어내 챙을 만드는 과정을 말하며, 입자는 이들 총모자와
양태를 결합하여 명주를 입히고 옻칠해서 제품을 완성하는
일을 일컫습니다. 세 가지 과정은 서로 재료가 다르고 솜씨의
격차가 심하므로 생산지를 달리하고 무형문화재 보유자도
분명히 나뉘어 있지요.

대원군은 통영까지 사람을 보내 갓을 맞추어 쓴 것으로 전해
지고 있으며 특히 고종황제 국상에는 모든 백성이 흰 갓을
통영에서 맞추어 썼다고 합니다. 이때 통영갓은 하루에 300개
이상 불티나게 팔렸고 그래서 통영갓은 갓의 대명사처럼
되었습니다.

서양옷이 우리의 평상복이 되어버린 지금 갓을 쓰는 사람은
없지만, 스스로 엄격하고 올곧게 살아갔던 선비정신만은 잊지
않았으면 좋겠습니다.

21.
조선 전기부터 입던 배자,
양복과 함께 들어온 조끼

"궁중에서 왕자가 태어나면 '권초의 예(捲草之禮)'라는 것이
있습니다. 곧 태어난 날 다북쑥으로 꼰 새끼를 문짝 위에
걸고, 자식이 많고 재앙이 없는 대신에게 명하여 3일 동안
소격전(昭格殿, 조선시대에 도교 의식을 위하여 설치한 관서)
에서 재를 올리고 초제(醮祭, 별에 지내는 제사)를 베풀게
하는데, 상의원(尙衣院)에서는 5색 채단을 각각 한 필씩 바쳤
고, 남자면 복건(頭) · 도포 · 홀(笏, 신하가 임금을 만날 때
손에 쥐던 패) · 오화(烏靴, 검은 가죽신) · 금대(金帶)요,
여자면 비녀 · 배자(背子 ; 덧옷) · 혜구(신의 하나) 따위 물건
을 노군(老君, 물러난 임금) 앞에 진열하여 장래의 복을
빌었다"

윗글은 조선 전기 학자 성현이 쓴 《용재총화》에 나오는
것으로 여기에 보면 왕자가 태어났을 때 바치는 예물로
덧옷의 하나인 '배자'가 등장합니다. 따라서 '배자'는 이미
조선 전기부터 입었던 옷임을 알 수 있습니다. 이에 견주어
'마고자'는 대원군이 청나라에서 들여온 만주족 옷인 '마괘'를

변형한 것이고 '조끼'는 양복이 들어올 때 함께 들어온 것으로 서양 조끼를 변형하여 입은 것입니다.

'배자'와 '마고자' 그리고 '조끼'는 모두 한복 저고리 위에 입는 덧옷이지만 다른 점은 마고자는 단추와 소매가 있고, 조끼는 단추는 있지만 소매가 없는데 배자는 단추와 소매가 없는 모양새를 하고 있습니다. 또 배자 속에는 토끼 · 너구리 · 양 따위의 털을 넣어 가장자리 부분에서 밖으로 털이 드러납니다. 요즘 사람들은 배자 · 마고자 · 조끼 차이를 모르지만, 우리가 전통적으로 입었던 덧옷들에는 이렇게 다른 점이 있습니다.

▲ 배자 · 마고자 · 조끼는 모두 저고리 위에 입는 덧옷이지만 모양은 서로 다르다
(그림 이무성 작가)

●
한
국
인
이
알
아
야
할
한
국
문
화
이
야
기

제 4 장

먹거리
(한식과 전통주)

1.
임금이 드시는 밥 수라,
귀신이 먹는 밥 젯메

▲ 오곡밥, 보리밥, 비빔밥, 굴밥(왼쪽부터, 크라우드픽 제공)

우리나라의 밥짓기는 천하에 이름난 것이다. 밥 짓는 것이란 별다른 것이 아니라 쌀을 정히 씻어 뜨물을 말끔히 따라버리고 솥에 넣고 새 물을 붓되, 물이 쌀 위로 한 손바닥 두께쯤 오르게 붓고 불을 때는데, 무르게 하려면 익을 때쯤 한번 불을 물렸다가 1, 2경 뒤에 다시 때며, 단단하게 하려면 불을 꺼내지 않고 시종 뭉근한 불로 땐다.

이는 1800년대 초 문신 서유구가 쓴 《옹희잡지》에 나오는 이야기입니다. 우리 겨레는 예부터 밥과 함께 살았습니다. 그래서 밥의 종류도 무척이나 많았지요. 먼저 밥의 이름을 보면 임금이 먹는 수라, 어른에게 올리는 진지, 하인이 먹는 입시, 제사상에 올리는 젯메(메) 등이 있습니다. 마치 밥에 등급을 매기듯 말입니다. 물론 벼를 깎은 정도에 따라서도 나눌 수 있는데 현미밥부터, 조금 더 깎은 7분도밥과 가장

많은 사람이 해먹는 백미밥이 있습니다. 그런가 하면 진밥과
된밥 그리고 고두밥이 있습니다.

또한, 밥에 섞는 부재료에 따라서도 나누어집니다. 먼저
정월대보름에 찹쌀·검은콩·팥·찰수수·차조로 해 먹는
오곡밥, 계절에 따라 나는 푸성귀(채소)나 견과류를 섞어서
짓는 밥이 있으며, 콩나물밥, 완두콩밥, 무밥, 감자밥, 밤밥,
우엉밥, 냉이솥밥, 굴밥은 물론 톳과 문어다리를 넣어서
지은 문어톳밥까지 있습니다. 또 계절에 따라서 밥 종류가
달라지기도 합니다. 봄에는 시루떡에 고물로 쓰는 팥을 넣어
만든 거피팥밥, 여름에는 햇보리밥, 초가을에는 강낭콩밥이나
청태콩밥, 겨울에는 붉은 팥 또는 검정콩으로 밥을 해
먹습니다.

그밖에 1800년대 말 즈음 나온 조리서에 처음 등장하는
골동반(骨董飯)이라고 하는 비빔밥도 있고, 옛날 공부하던
선비들이 밤참으로 먹으려고 제삿밥과 똑같이 만들어서
먹은 데서 유래한 안동 헛제삿밥도 있지요. 헛제삿밥은 신과
사람이 같이 먹는 음식이라는 의미가 있습니다. 비빔밥과
헛제삿밥은 비교적 최근에 새롭게 생긴 음식입니다. 그런가
하면 혼자 먹는 밥이라 하여 '혼밥', 집에서 먹는 밥과
같다고 하여 '집밥'이란 말도 생겨났습니다. 요즘 쌀 소비가
많이 줄었다고 하지만 그래도 '밥심으로 산다'라는 말처럼
배달겨레에게는 밥이 으뜸입니다.

2.
떡국의 다른 이름
첨세병과
꿩 대신 닭

설날이 되면 가래떡을 썰어 끓인 떡국을 꼭 먹었는데 떡국에 나이를 더 먹는 떡이란 뜻의 첨세병(添歲餠)이라는 별명까지 붙었지요. 《동국세시기(東國歲時記)》에는 떡국을 겉모양이 희다고 하여 백탕(白湯), 떡을 넣고 끓인 탕이라 하여 병탕(餠湯)이라고도 적고 있습니다. 보통 설날 아침에 떡국으로 조상 제사의 메(밥)를 대신하여 차례를 모시고, 그것으로 밥을 대신해서 먹었지요.

떡국 국물을 만드는 주재료로는 원래 꿩고기가 으뜸이었습니다. 고려 후기에 원나라의 풍속에서 배워온 매사냥이 상류층들의 사치스러운 놀이로 자리를 잡으면서 매가 물어온 꿩으로 국물을 만든 떡국이나 만둣국 그리고 꿩고기를 속으로 넣은 만두가 고급 음식으로 대접받았지요. 하지만 일반 백성에겐 꿩고기란 구경하기도 어려운 것이어서 대신 닭고기로 떡국의 국물을 냈는데 그래서 '꿩 대신 닭'이란 말이 생겼습니다. 그러나 요즘 떡국의 국물은 꿩고기나 닭고기로 만들지 않고 쇠고기로 만듭니다.

설날에는 '설 술은 데우지 않는다'라는 뜻으로 세주불온(歲酒 不溫)이라고 하여 찬술을 한 잔씩 마셨습니다. 이것은 옛사람 들이 정초부터 봄이 든다고 보았기 때문에 봄을 맞으며 일할 준비를 해야 한다는 뜻에서 생긴 풍습이었지요. 또 설에는 산초, 흰삽주(백출) 뿌리, 도라지, 방풍 등 여러 가지 한약재를 넣어서 만든 도소주(屠蘇酒)를 마셨는데 이 술은 오랜 옛날 부터 전하여 오는 술로 이 술을 마시면 모든 병이 생기지 않는다고 믿었습니다.

▲ 첨세병이란 별명이 붙은 떡국

3.
조선시대 국수는
사치스러운
음식이었다

《세종실록》 4년(1422년) 5월 17일 기록에 보면 "진전(眞殿, 창덕궁에 있는, 역대 임금과 왕비의 초상화를 모시던 건물)과 불전(佛前) 그리고 승려 대접 이외에는 만두·국수·떡 등의 사치한 음식은 일절 금하소서"라는 내용이 나옵니다.
세종의 아버지이자 든든한 후원자였던 태종을 위한 수륙재 (水陸齋, 물과 육지에서 헤매는 외로운 영혼을 위로하기 위하여 올리는 불교의식)에서 조차 진전과 불전, 승려 등의 대접 말고는 사치스러운 음식을 내놓지 말라고 합니다. 이 사치스러운 음식에 국수가 한자리 차지했습니다.

그런데 지금은 흔한 국수가 조선시대에는 어찌 사치스러운 음식이 되었을까요? 송나라 서긍의 고려견문록 《고려도경》 에 보면 "고려에는 밀이 적어서 중국에서 수입하고 있다. 따라서 밀가룻값이 매우 비싸 잔치 때가 아니면 먹지 못한다" 라는 기록이 있습니다. 그러기에 국수는 혼례 때나 되어야 맛볼 수 있었던 귀한 것이었지요. 판소리 춘향가 사설

가운데 "얼맹이 쳇궁기(체구멍) 진가루 새듯"이란 대목이
있습니다. 얼마나 귀했으면 밀가루를 진가루라고 불렀을
까요?

그래서 이 사치스러운 음식인 국수를 먹고 싶어서 밀가루
대신 옥수숫가루로 억지국수를 만들어 먹었으며, 옥수수 앙금
으로 쑨 묵에 가까우면서 올챙이처럼 생긴 올챙이국수도
해먹었지요. 또 그나마 보리, 밀보다는 흔했던 메밀로 대신
하기도 했지요. 서명응이 1787년 펴낸《고사십이집(古事
十二集)》에는 "국수는 본디 밀가루로 만든 것이나 우리나라
에서는 메밀가루로 만든다"라고 기록되었을 정도입니다. 또
서긍은《고려도경》에서 "고려 10여 가지의 음식 가운데 국수
맛이 으뜸이다"라고 했습니다. 혼례 때 맺은 인연이 길기를
바라는 뜻으로 귀한 국수를 먹었을 것으로 짐작되는 대목
입니다.

▲ 조선시대 사치스러운 음식이었던 잔치국수

4.
정성 듬뿍,
느린음식의 대명사
한국음식

일반 백성과 양반가의 음식은 어떤 차이가 있었을까요?
일반적으로는 이들의 차이를 음식의 재료나 종류, 그리고
가짓수나 조리법으로 봅니다. 물론 이런 것의 차이도 있지만,
요리전문가에 따르면 양반가의 음식은 조상이나 집안
어른을 위하는 마음 씀씀이를 듬뿍 담고, 양념으로 쓰는
실고추·깨소금 하나에도 정성을 담아 오랜 시간 조리하는 데
있다고 합니다.

양념장 속의 양념은 진이 나도록 다졌고, 고명을 만들 때도
일정한 맛과 모양을 냈으며 쇠고기도 결을 따라 곱게 써는
것이 원칙이었지요. 그리고 보니 정성을 쏟아야 하는 음식은
일정한 시간이 필요한 것들입니다. 양지머리 고깃국이라도
끓이는 날엔 핏물을 빼려고 찬물에 담가두는 일부터 시작하여
고기에 무·대파·마늘·생강 등을 넣고 푹 고아야 합니다.
이때 국 위에 떠 오른 것들은 일일이 서서 걷어내야 할뿐더러
다 끓여낸 국을 뜰 때는 국그릇을 뜨거운 물에 미리 담가

따뜻하게 한 다음 마른행주로 잘 닦아 담아내야 했지요. 국한 대접이 밥상에 오르려면 어머니들의 이러한 정성과 공이 들어갔던 것입니다.

특히 우리 음식의 기본으로 오랫동안 숙성시켜야 제맛이 나는 김치나 오래 둘수록 깊은 맛이 나는 된장이나 간장 같은 것들을 보더라도 우리 한국음식은 오랜 시간이 필요한 느린음식(슬로우푸드)의 대명사로 꼽힐 수밖에 없습니다. 따라서 똑같은 재료, 똑같은 방법으로 빠른시간에 뚝딱 만들어 나오는 햄버거 같은 음식과는 견줄 수 없는 내공이 들어간 것이 한국음식이지요.

▲ 오랜 시간 정성으로 조리하는 한국음식

5.
청화백자에 담아
선물했던
감동젓무

우리의 위대한 반찬 김치는 그 종류가 자그마치 500여 가지에 달한다고 합니다. 그만큼 우리 겨레는 김치와 함께 살아온 거죠. 그래서인지 김치는 세계 5대 건강식으로 뽑히고, 미국과 유럽 일대, 중국, 일본에서도 김치의 인기가 커가고 있습니다. 그 김치는 형태별로 통김치, 숙김치(삶은 무와 절인 배추에 굴, 배, 고춧가루, 새우젓, 대파 등을 넣어 담그는 김치), 깍두기, 소박이, 물김치, 보김치(한 보시기 분의 김치를 덩어리지게 담아 백항아리에 익히는 것) 따위가 있습니다.

그 가운데 무로 만드는 깍두기의 유래는 어디서 온걸까요? 1940년 홍선표가 펴낸 《조선요리학》을 보면 200년 전 정조임금 사위인 홍현주(洪顯周)의 부인 숙선공주가 임금에게 처음으로 깍두기를 담가 올려 칭찬받았다는 내용이 나옵니다. 당시에는 각독기(刻毒氣)라 불렀으며, 그 뒤 여염집에도 퍼졌는데 고춧가루 대신 붉은 생고추를 갈아서 쓰면 빛깔이 곱고 맛도 더욱 좋다고 하지요.

깍두기에는 감동젓무, 걸무깍두기, 명태서더리깍두기, 무송
송이, 숙깍두기, 비늘깍두기 따위가 있는데 이 가운데 감동
젓무는 무와 배추에 잔 새우로 담근 감동젓(곤쟁이젓), 생굴,
낙지, 북어, 배, 밤, 실파, 미나리, 오이 같은 부재료를 넣어
담근 고급스러운 깍두기로 곤쟁이젓깍두기라고도 합니다.
섣달그믐 무렵에 담가 귀한 분들에게 청화백자 항아리에 담아
홍보에 싸서 감동을 선물하던 서울지방의 음식이지요. 보기만
해도 군침이 도는 감동젓무 한 접시가 식탁에 오른다면 진수
성찬이 안 부러울 것입니다.

▲ 섣달그믐 무렵 귀한 분들에게 감동을 선물하던 감동젓무 (농촌진흥청 제공)

6.
고종의
야참 먹거리였던 냉면,
살빼기에 좋아

"무김치나 배추김치에 메밀국수를 말고 여기에 돼지고기
섞은 것을 냉면이라 하고 잡채와 배, 밤, 쇠고기, 돼지고기 썬
것과 기름, 간장(진간장)을 메밀국수에다 섞은 것을 골동면
(骨董麵 : 비빔국수)이라 한다" 이는 《동국세시기(東國歲時記)》
에 냉면이 11월 시절음식으로 소개된 내용이며 문헌상으로는
처음 나온 것입니다. 냉면 만드는 법은 1800년대 말에 나온
지은이를 모르는 책 《시의전서 (是議全書)》에 처음 소개하고
있습니다.

대한제국의 황제 고종은 구한말 파란만장한 풍운을 겪으며
불면증에 시달린 여름밤 야참으로 냉면을 즐겼습니다. 고종의
후궁 삼축당(본명 김옥기-金玉基)이 전하는 고종이 즐겼던
냉면은 배를 많이 넣어 담근 동치미와 함께 고명으로는 편육,
배, 잣을 위에 가득 덮었다고 합니다. 특히 배의 단물이 동치미
국물과 어우러져 그 맛이 달고 담백하고 시원하였다고하지요.

냉면은 크게 평양냉면과 함흥냉면으로 나눕니다. 평양냉면은 메밀을 많이 넣고 삶은 국수를 차가운 동치미국이나 육수에 말아낸 장국냉면이고, 함흥냉면은 강냉이나 고구마 전분을 많이 넣고 가늘게 뺀 국수를 매운 양념장으로 무치고 홍어회를 얹은 비빔냉면이어서 그 만드는 법과 맛이 전혀 다르지요. 지난 2017년 4월 남북정상회담 때 평양 옥류관의 평양냉면이 나온 뒤 인기를 끌기 시작한 평양냉면은 주재료인 메밀이 성인병 예방에 효과가 있는 항산화물질 루틴이 함유돼 있을 뿐 아니라 식이섬유가 풍부하고 칼로리가 낮아 살빼기에 좋은 먹거리로 알려져 있습니다.

▲ 대한제국 고종황제 어진 (국립중앙박물관 소장)과 냉면

7.
썩음이 아닌
삭음에 멈추는
젓갈

젓갈에 관한 우리나라 첫 문헌 기록은 김부식(金富軾, 1075~
1151)이 1145년에 완성한 《삼국사기(三國史記)》 신라본기
(新羅本紀)에 나옵니다. 신라 신문왕이 8년(683년)에 김흠운의
작은딸을 왕비로 맞을 때 비단, 쌀, 술, 기름, 꿀, 간장, 된장, 포
따위와 함께 해(醢) 곧 젓갈 135 수레를 주었다고 되어있어
이때 이미 궁중음식이었음을 알 수 있습니다. 이후, 송나라
사신 서긍(徐兢)이 쓴 《고려도경(高麗圖經)》에 "젓갈은 신분의
귀천을 가리지 않고 늘 먹던 음식이다"라고 한 것을 보면 고려
사람들의 젓갈 사랑을 짐작할 만합니다.

신라 때 궁중음식이었던 젓갈이 고려 때 백성 누구나 먹을 수
있는 음식이 되었는데 이는 수입해왔던 소금을 고려 태조 때,
도염원(都鹽院)이란 기구를 설치해 나라에서 직접 소금을
만들어 판 소금 전매제 정책 덕이었습니다.
현존하는 우리나라 가장 오래된 의학서적 《향약구급방(鄕藥
救急方, 1236년)》에는 젓갈을 담그는 방법에 소금에만 절이는

염해법(鹽醢法)과 젓갈 재료에 소금과 누룩, 술을 혼합한 독특한 방법의 어육장해법(魚肉醬醢法)이 있었고, 젓갈과 절인 생선에 익힌 곡물과 푸성귀(채소)를 함께 발효시키는 지금과 비슷한 식해를 만들어 먹었던 기록이 나옵니다.

이러던 젓갈이 조선시대에 들어오면 더욱 일반화되는데 헌종 (憲宗) 때, 정학유(丁學游, 1786~1855)가 쓴 〈농가월령가(農家 月令歌)〉에 "새우젓을 넣은 달걀찌개를 상에 내면 큰 가마의 밥이 부족했다"라는 내용이 있을 정도입니다. 또 조선시대엔 이미 젓갈의 종류가 대합젓, 토하젓, 조기젓, 홍합젓, 가자미 젓, 밴댕이젓, 굴젓, 새우젓, 멸치젓, 곤쟁이젓, 게젓 따위로 150여 가지가 넘었다고 하지요. 젓갈은 쌀밥이 주식인 우리 겨레에겐 부족할 수 있는 단백질과 칼슘 따위를 섭취할 수 있게 하면서 소화작용까지 돕는 참으로 슬기로운 먹거리 입니다. 또 발효는 '썩음'으로 넘어가지 않고 '삭음'에 멈춰서는 과학이 담긴 기막힌 음식이지요.

▲ 새우젓, 밴댕이젓 무침, 굴젓 무침

8.
왕비를 맞이할 때
잔칫상에 올랐던
과줄

우리 겨레가 전통적으로 먹었던 과자를 흔히 한과(韓菓)라
하는데 이는 한복, 한식처럼 서양의 과자나 중국의 한과(漢菓)
와 구분하여 부르는 말입니다. 원래 우리 토박이말로는 과줄
이지요. 과줄에는 유밀과, 약과, 정과, 다식, 숙실과 따위가
있습니다. 하지만, 과줄을 대표하는 것으로는 유과라고도
하는 유밀과를 꼽아야 합니다. 유밀과는 밀가루를 꿀과 기름
으로 반죽해 모양을 만들어 기름에 튀긴 다음 다시 꿀을
바르고 계핏가루를 뿌린 과자입니다.

또 과줄 가운데는 각종 과일이나 생강·연근·당근·인삼
따위를 꿀이나 설탕에 재거나 조려서 만든 정과(正果), 차를
마실 때 곁들이는 다식(茶食), 밤·대추와 같은 과실을 꿀로
달게 하여 만든 숙실과(熟實果), 신맛이 나는 앵두·모과·
살구 따위의 과육에 꿀을 넣고 졸여서 굳힌 과편(果片) 따위를
포함한 전통과자도 있습니다.

과줄은 고려 충렬왕 22년(1296년) 몽고의 공주를 왕비로 맞을 때 잔칫상에 올렸다는 기록이 보이고, 고려 때 귀족층에서 기호품으로 크게 유행했다고 하지요. 그런데 명종(재위1170~1197) 때에 와서 이 유밀과 재료인 기름과 꿀이 동이 나자 유밀과 금지령을 내리고 과일을 쓰도록 했습니다. 이후 조선시대 법령의 집대성인 《대전회통(大典會通)》에 "환갑잔치, 혼인, 제향 말고 과줄을 쓰는 사람은 곤장을 때린다"라고 규정하기도 했던 귀한 과자입니다.

▲ 왕실 잔칫상에도 올랐던 우리의 전통 과자 과줄 (한과)

9.
왕실의
보양식이었던
소젖

우리나라에서는 소젖 곧 우유를 언제부터 마시기 시작했을까요? 기록에 따르면 우유를 마시는 풍습은 고려시대에 원나라 영향을 받으면서 시작되었고, 조선시대에 와서는 왕실에서 보양식으로 올릴 정도로 아주 특별한 것이었습니다.

《세종실록》 5년(1423) 4월 4일 치 기록에 보면 "충청도 감사에게 '청주의 나라 창고에 있는 묵은쌀·콩으로 젖소를 사서 날마다 우유를 받아 양녕대군에게 먹이도록 하라'고 지시했다"라는 기록이 있을 정도입니다. 이를 위해서 젖 짜는 소를 특별히 길렀는데 말을 기르는 것과 함께 사복시라는 기관이 담당했지요.

또 쌀가루를 끓이다가 우유를 부어 만든 타락죽(駝酪粥)도 있었습니다. 《명종실록》 20년(1565) 8월 14일 치 기록을 보면 윤원형의 죄악을 26 조목으로 올린 대사헌 이탁과 대사간 박순 등의 봉서가 나옵니다. 그 내용 가운데는 "타락죽은 임금께 바치는 것인데 사복시의 낙부(酪夫, 우유를 짜는 이)가

젖 짜는 기구를 제집에 가지고 가 조리하게 하여 자녀와 첩
까지도 배불리 먹었습니다"라는 내용이 있습니다. 이 사건
으로 임금의 외척이며, 영의정이었던 윤원형도 내칠 정도
였으니 타락죽은 임금이 내려주는 것 외에 먹을 수가 없던
귀한 음식이었음을 잘 말해주고 있습니다.

그런데 《영조실록》 25년(1749) 10월 6일 치 기록에 보면
"내의원(內醫院)에서 전례에 따라 우락(牛酪, 치즈)을 올렸다.
하루는 임금이 암소의 뒤에 작은 송아지가 졸졸졸 따라가는
것을 보고 마음에 매우 가엾이 여기며 낙죽(酪粥)을 올리지
말도록 명하였다"라는 내용도 보입니다. 여기 조선 후기의
문인화가 조영석이 그린 〈우유 짜기〉란 그림이 있습니다.
우유를 짜는 데에는 갓을 쓴 선비 네 사람이 동원되었는데 한
사람은 송아지를 잡고, 다른 두 사람은 어미소의 머리와 다리
를 붙들고, 또 한 사람은 젖을 짜는 등 쩔쩔매는 참 재미난
그림입니다.

▲ 조영석, '우유 짜기', 종이에 수묵, 28.5 × 44.5cm (개인 소장)

10.
봄 같지 않은 봄,
진달래술은
어떨까?

무궁화를 조선의 명화라 하지만은 사실로는 진달네(杜鵑花)
가 조선의 대표명화와 가튼 감이 잇다. 진달네는 색깔이
아름답고 향취가 조흘뿐 안이라 전조선 어느 곳이든지 업는
곳이 업서서 여러 사람이 가장 넓히 알고 가장 애착심을
가지게 되는 까닭에 조선에 잇서서 꼿이라 하면 누구나 먼저
진달네를 생각하게 된다. 조선의 봄에 만일 진달네가 업다면
달업는 어두운 밤이나 태양 없는극지(極地)보다도 더 쓸쓸
하고 적막하야 그야말로 춘래불이춘(春來不似春, 봄이
왔으되 봄 같지 않구나)을 늦기게 될 것이다.

위는 일제강점기에 나온 잡지 《별건곤》 제20호(1929.4.1)에
실린 이야기입니다. 봄이 되면 우리 온 산에는 진달래로
뒤덮일 것입니다. 연분홍 치마가 봄바람에 휘날리듯이 진달래
꽃잎이 휘날리면 보는 이의 맘을 싱숭생숭하게 만듭니다.
우리 겨레의 꽃 진달래는 다른 이름으로 참꽃 또는 두견화
라고도 하는데 이 꽃잎을 청주(淸酒)에 넣어 빚은 술을 두견주

라고 부르지요.

진달래술, 곧 두견주는 꽃의 향기뿐만 아니라, 혈액순환 개선과 혈압강하, 피로회복, 천식, 여성의 허리냉증 등에 약효가 인정되어 신분의 구별 없이 가장 널리 빚어 마셨던 우리 겨레의 술입니다. 예부터 '두견주 석 잔에 5리를 못 간다'라는 말이 전해왔는데 전통 발효술 가운데 도수가 비교적 높은 술(18~21도)로 부드럽지만, 감칠맛이 나며 은근히 취기가 올라오는 명주입니다. 돌림병(코로나19) 탓으로 봄 같지 않은 봄을 맞은 지금, 진달래 화전을 안주 삼아 두견주 한 잔 마시면 진달래꽃 빛을 닮은 세상이 올까요?

▲ 진달래꽃, 진달래로 담근 면천두견주

11.
녹두로 만드는
나눔의 음식
빈대떡

"돈 없으면 집에가서 빈대떡이나 부쳐 먹지 / 한 푼 없는
건달이 요릿집이 무어냐 기생집이 무어냐" 이는 1943년에
발표된 한복남이 부른 '빈대떡 신사' 가사 일부입니다. 우리
겨레가 좋아하는 음식 가운데는 이 노래에 나오는 빈대떡도
있습니다. 조선의 요리서 가운데 정부인 안동 장씨가 쓴《음식
디미방(飮食知味方)》과 빙허각 이씨가 쓴《규합총서(閨閤叢書)》
에는 '빈쟈법', '빙쟈'가 나오는데 그것이 바로 빈대떡입니다.

빈대떡은 녹두를 맷돌에 갈아서 부치는 것인데 여기에
애호박을 송송 썰어 넣거나 파, 고추를 넣기도 하고 오징어나
굴 등의 해산물 또는 돼지고기를 가늘게 저며 넣고 들기름에
고소하게 지져 만들기에 남녀노소가 좋아하는 음식이지요.
빈대떡의 주재료인 녹두는 철분과 카로틴이 많아서 해독
작용이 뛰어나다고 하는데, 영양도 보충하고 입맛도 돋울 수
있기에 빈대떡을 즐겨 먹었던가 봅니다.

그런데 이 빈대떡의 유래에 재미있는 이야기가 있습니다.
조선시대에는 흉년이 들어 먹을 것이 부족하면 떠돌며 얻어
먹던 사람들이 많았는데 특히 숭례문 밖으로 수없이 몰려들었
지요. 그때 어떤 부잣집에서는 이들을 위해 빈대떡을 만들어
소달구지에 싣고 와서는 '○○ 집의 적선이오!' 하면서 나눠
주었다는 것입니다. 그래서 그 이름을 '빈자(貧者)떡'이라고
불렀으며, 가난한 이들을 위한 떡으로 생각했다고 하지요. 곧
빈대떡은 우리 겨레가 만든 나눔의 음식이었습니다.

▲ 녹두로 만드는 나눔의 음식 '빈대떡' (크라우드픽 제공)

12.
입춘 때 먹는
시절음식
오신채

24절기의 시작은 봄이 들어선다는 입춘(立春)입니다. 이 입춘 무렵 먹는 시절음식에 다섯 가지 매운맛이 나는 모듬 나물 오신채(五辛菜)가 있지요. 오신채는 파, 마늘, 자총이(껍질이 누런 자줏빛이고, 속은 흰색인 파보다 더 매운 파), 달래, 평지(유채), 부추, 파, 무릇(마늘과 비슷한 백합과의 여러해살이풀), 미나리 등의 푸성귀들 가운데 노랗고 붉고 파랗고 검고 하얀 오방색을 골라 무친 나물입니다.

노란빛의 나물을 가운데에 놓고, 동서남북에 청, 적, 흑, 백의 사방색(四方色)이 나는 나물을 놓는데 임금이 굳이 오신채를 진상 받아 중신에게 나누어 먹인 뜻은 사색당쟁을 타파하라는 화합의 의미가 있었다고 합니다. 또 일반 백성도 식구들의 화목을 상징하고 인의예지신(仁義禮智信)를 북돋는 것으로 보았으며, 삶에는 다섯 가지 괴로움이 따르는데 다섯 가지 매운 오신채를 먹음으로써 그것을 극복하라는 의미도 있다고 하지요.

옛말에 오신채에 기생하는 벌레는 고통을 모른다는 말도 있는데 오신채는 자극을 주는 정력음식으로 보았습니다. 그래서 참선하는 절의 규칙인 '선원청규(禪苑淸規)'에 절간의 수도승은 오훈을 금한다고 했는데 바로 오훈이 오신채를 말합니다. 어쩌면 입춘 무렵에 오신채를 먹는 것은 자극을 주는 온갖 나물을 먹고 기운을 내 농사를 시작하라는 의미가 담겨있을 것입니다.

▲ 입춘때 먹는 시절음식 오신채(五辛菜), ('촌부일기' 블로그 제공)

13.
혼례 때 상에
올리는 떡과
올리지 말아야 하는 떡

우리 겨레의 오랜 먹거리인 떡 가운데 인절미는 유교의 경전
인 《주례(周禮)》에 인절미를 '떡 가운데 가장 오래된 것'이라
하였고, '떡 가운데 별미는 단연 인절미라, 찰지면서 쫀득한
맛을 으뜸으로 여긴다'라고 나옵니다. 이 인절미에 관해 조선
인조 때 전해지는 이야기가 있습니다. 이괄이 난을 일으켜
한양이 반란군에게 점령당하자, 인조는 공주 공산성으로 피란
을 갔는데 어느 날, 임 씨라는 농부가 찰떡을 해 임금께 바쳤
는데 그 떡 맛이 좋고 처음 먹어보는 것이었지요. 신하들
에게 그 이름을 물었으나 아는 사람이 없어 임금이 친히 떡 이름
을 지어 내렸는데 임 서방이 절미한 떡이라 하며 〈임절미〉
라 한 것이 '인절미'로 바뀌었다고 합니다.

인절미는 혼례 때 상에 올리거나 사돈댁에 이바지로 보냅니다.
찰기가 강한 찹쌀떡으로, 끈적거리고 잘 들러붙는 성질을 생각
하여 시집간 딸이 친정에 왔다 돌아갈 때마다 '입마개떡'이라
하여 인절미를 들려 보냈습니다. 이는 시집에서 입을 봉하고

살라는 교훈을 담은 것이며, 또 한편으로는 시집 식구에게
비록 내 딸이 잘못한 것이 있더라도 이 떡을 먹고 너그럽게
봐 달라는 뜻도 들어있지요. 그뿐만 아니라 신부가 신랑이나
시집식구들과의 사이가 쫀득쫀득한 인절미처럼 잘 들러붙으
라는 바람도 가지고 있습니다.

그런데 인절미와 반대로 절대 혼례상에 올려서는 안 되는 떡
도 있지요. 바로 절편을 얇게 밀어 콩고물이나 팥고물로 소를
넣고 반을 접어 바람을 넣은 바람떡이 그것입니다. 개피떡의
다른 이름이기도 한 바람떡은 말랑말랑하고 맛이 좋아 사시
사철 즐겨 빚어 먹지만 이 바람떡은 혼례 날에 만들어 먹게
되면 신랑, 신부가 바람이 난다는 믿음이 있었습니다. 이렇게
우리의 떡에는 맛뿐이 아니라 재미난 이야기들도 들어있지요.

▲ 혼례상에 올리는 떡 인절미(왼쪽), 올리지 말아야 할 바람떡

14.
신라 사람들
고래고기, 복어,
성계도 먹었다

국립중앙박물관은 지난 2020년 경주 대릉원 일원에 있는 신라 왕족의 무덤 가운데 하나인 사적 '경주 서봉총'을 재발굴한 성과보고서를 펴냈다고 밝혔습니다. 이 서봉총은 서기 500년 무렵에 만들어진 것으로 보고서에서 특별히 눈에 띈 것은 무덤 둘레돌(護石)에 큰항아리를 이용해 무덤 주인공에게 음식을 바친 제사 흔적이 고스란히 발견된 것입니다. 이는 《삼국사기》와 《삼국유사》 같은 역사 기록에도 나오지 않기 때문에 학계에서도 큰 주목을 받고 있다고 합니다.

무엇보다 서봉총 남분의 둘레돌에서 조사된 큰항아리 안에서 동물 유체 곧 뼈, 이빨, 뿔, 조가비 등이 많이 나와 당시 제사 음식의 종류를 확인할 수 있었던 것은 이때 재발굴의 독보적인 성과지요. 그런데 확인된 동물 유체 7,700점 가운데는 조개류(1,883점), 물고기류(5,700점)가 대다수지만 아주 특이하게 바다 포유류인 돌고래, 파충류인 남생이와 함께 성계류도 확인되었습니다.

특히 신경 독을 제거하지 않으면 먹기 어려운 복어도 발견되었는데 이렇게 동물 유체에서 연상되는 복요리, 성게, 고래 고기는 당시 신라 왕족들이 아주 호화로운 식생활을 즐겼다는 것을 생생하게 보여주는 증거입니다.

이 서봉총은 일제가 북분(1926년)과 남분(1929년)을 발굴한 적이 있는데 그때 스웨덴 황태자가 조사에 참여한 것과 봉황(鳳凰) 장식 금관이 출토된 것을 기념해 서봉총(瑞鳳塚)으로 붙여졌습니다.

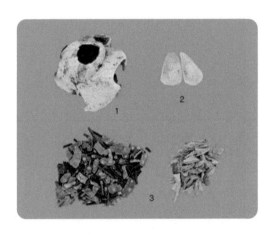

▲ 경주 서봉총 남분 큰항아리에서 발견된 큰청홍따개비(1), 거북손(2), 보라성게(3) (문화재청 제공)

15.
잔치를
더욱 기쁘게 해주는
제주 빙떡

남녘땅 제주에는 볼거리도 많지만 특이한 먹거리도 많습니다. 2013년 제주도에서는 자리물돔회, 갈치국, 성게국, 한치물회, 옥돔구이, 빙떡, 고기국수 등을 '제주도 7대 향토음식'으로 꼽았습니다. 이 가운데 메밀가루 부꾸미에 채 썰어 데쳐낸 무소를 넣고 말아서 만드는 빙떡은 제주도에 가면 꼭 먹어봐야 한다고 하지요. 빙떡은 메밀 부꾸미의 담백한 맛과 무소의 삼삼하고 시원한 맛이 어우러져 독특한 맛을 냅니다.

남원읍에서는 말아 놓은 모습이 흡사 멍석과 같다고 하여 멍석떡이라고 하며, 3대 봉양을 제외한 작은 제사에서 약식으로 제물을 차릴 때 꼭 쓴다고 하여 홀아방떡 또는 홀애비떡이라고도 하고 서귀포에서는 전기떡(쟁기떡)이라고 부르기도 합니다.

빙떡은 만드는 방법이 복잡하지 않아 빠른 시간에 적은 돈으로 많은 양을 만들어 낼 수 있는 떡인데 이웃에 잔치가 있거나 상을 당하면 대차롱(뚜껑이 있는 대나무 바구니)에 담아 한 바구니씩 보냈습니다. 이때 부조를 받은 집의 여주인은 떡을 손으로 떼어내어 밖으로 던지는데 이는 함께 쫓아왔을지 모르는 귀신을 쫓아내고 다른 잡신들이 집안에 얼씬거리지 못하게 하는 오랜 풍습이지요. 이렇게 귀신들을 위로한 뒤 온 식구들이 빙떡을 나눠 먹은 뒤에는 빙떡을 담아온 바구니에 미리 마련한 음식을 담아 되돌려 보냅니다. 제주를 대표하는 음식 빙떡은 잔치에는 더욱 기쁘게 하고, 상례 때는 슬픔을 덜어주는 아름다운 떡이라 할 것입니다.

▲ 제주도 7대 향토음식의 하나인 빙떡 (농촌진흥청 제공)

16.
제주목사가
귤을 진상하면
황감제를 열었다

지난 2018년 "문재인 대통령, 군용기로 제주 귤 200t 북한에 선물"이라는 기사가 나왔습니다. 남한에서는 지금 흔한 과일이 되었지만, 북한에서는 귤을 재배할 수 없으니 정말 귀한 선물일 것입니다. 그런데 조선시대에는 귤이 정말 귀한 과일이었습니다. 제주에서만 조금씩 재배되었고, 그것을 거친 풍랑이 이는 바다 건너서 가져와야만 했으니 임금에게 진상하는 것 말고는 보기도 어려운 과일이었던 것입니다. 따라서 제주목사가 진상한 귤을 받은 임금은 이를 신하들에게 나눠주었고, "황감제(黃柑製)"라는 임시과거를 열어 기뻐했습니다.

"해마다 가을이 되면 관에서 대장을 가지고 나와 그 과일 개수를 세고 나무둥치에 표시해두고 갔다가 그것이 누렇게 익으면 비로소 와서 따 가는데, 혹 바람에 몇 개 떨어진 것이 있으면 곧 추궁하여 보충하게 하고 그렇게 하지 못할 것 같으면 그 값을 징수한다. 광주리째 가지고 가면서 돈 한 푼 주지 않는다. 또 그들을 대접하느라 닭을 삶고 돼지를 잡는다."

이것은 정약용의 《목민심서》에 나오는 내용으로 귤과 유자 나무를 가진 백성에게 벼슬아치들이 횡포를 부린다는 이야기 입니다. 이에 그 백성은 몰래 나무에 구멍을 뚫고 후추를 집어 넣어 나무가 저절로 말라 죽게 하고, 그루터기에서 움이 돋으 면 잘라버리고 씨가 떨어져 싹이 나면 보이는 대로 뽑아버립 니다. 그렇게 해서 관의 관리대장에서 빠지려고 하는 것이지요. 다산은 제주도 관리의 횡포를 보며 이것이 그치지 않는다면 몇십 년 안 가서 우리나라 귤과 유자는 씨가 마를 것이라고 걱정했습니다. 어쩌면 지금 우리가 즐겨 먹는 과일, 귤은 우리 나라에서 사라져버렸을 지도 모릅니다.

▲ 조선시대 귤 농사를 짓는 제주도 농민들은 오히려 귤나무를 죽이려 했다.
(그림 오희선 작가)

제 5 장

살림살이

1.
무심한 절편에
마음을 새기는
떡살

떡본 또는 떡손 · 병형(餠型)이라고도 하는 떡살은 누르는
면에 오목새김(음각)이나 돋을새김(양각) 무늬가 있어서
절편에 찍으면 예쁜 무늬가 생깁니다. 적절한 크기로 잘라낸
떡에 물기를 묻혀서 떡살로 도장을 찍듯이 누르면 되는데
이렇게 찍은 떡은 어느 정도 굳으면 그 무늬가 선명하게
나타나지요. 무심한 절편에 어떤 뜻을 가진 무늬를 찍어 넣어
그저 떡이 아니라 마음이 담긴 선물이 됩니다.

고려시대부터 써온 것으로 알려진 떡살은 재질에 따라
나무떡살과 자기떡살로 나눕니다. 단단한 소나무, 참나무,
감나무, 박달나무 따위로 만드는 나무떡살은 1자(약 30cm)
정도의 긴 나무에 4~6개의 각기 다른 무늬를 새긴 것입니다.
한편, 사기, 백자, 오지 같은 것으로 만드는 자기떡살은 대개
보통 5~11㎝ 정도의 둥근 도장 모양으로, 손잡이가 달려서
잡고 꼭 누르게 되어있지요. 특히 궁중에서 쓰던 사기떡살은
고급스러운 백자로 만든 것이 많습니다.

떡살의 무늬는 꽃당초, 물고기, 나비, 거북의 등딱지, 구름무늬, 천도, 석류, 박쥐, 포도, 국화처럼 꽃과 동물들이 많은데 그밖에 기하학무늬, 십장생무늬, 칠보무늬, 태극무늬, 격자무늬, 창살무늬, 길상무늬 따위도 많이 씁니다. 특히 단오에는 수레무늬, 잔치에는 꽃무늬나 길상무늬 그리고 기하학적인 무늬 따위를 많이 썼습니다. 떡살 가운데 경북 예천지방 것은 깊고 정교한 조각기법이 뛰어나다는 평을 받지요. '보기 좋은 떡이 맛도 좋다'는 말이 있는데 그래서 절편에 떡살이 필요했는지도 모릅니다.

▲ 여러가지 무늬의 떡살들 (문화재청 제공)

2.
흙담 · 돌담 · 울타리 등
아름다운 한옥의 담들

▲ 아름다운 한옥의 흙담, 돌담, 생울타리, 꽃담 (왼쪽부터)

담은 집의 둘레나 일정한 공간을 둘러막으려고 흙 · 돌 · 벽돌 따위로 쌓아 올린 것입니다. 하지만, 한옥에서 담의 의미는 크지 않습니다. 한옥의 담은 얼마든지 뛰어넘을 수 있는 것으로 도둑을 막으려는 뜻보다는 그냥 경계로서의 뜻이 더 강합니다. 그리고 한옥을 더욱 아름답게 해주는 역할을 하지요.

담의 종류로는 먼저 짚을 썰어 넣고 석회를 적당히 섞은 흙으로 다져서 굳힌 토담(흙담)이 있습니다. 또 자연에서 얻은 돌로 쌓아 올린 돌담(돌각담)도 있지요. 돌담에는 사립문을 달면 잘 어울리고, 담쟁이나 머루덩굴을 올리면 참 좋습니다. 그 밖에 나뭇가지나 수수깡으로 둘러치는 경계인 울타리, 나무를 돌려 심어서 저절로 울타리가 되게 한 생울타리도

있지요. 흙을 이겨 사이사이에 넣으면서 돌로 쌓아 올린
담으로 죽담이란 것도 있는데 돌담과 흙담의 어울림입니다.

그리고 특별한 담으로 경복궁 자경전에 있는 화초담이란 것도
있습니다. 화초담은 여러 가지 빛깔로 글자나 무늬를 넣고
쌓는 담을 말하는데 꽃담 · 꽃무늬담 · 조장(彫牆)이라고도
부릅니다. 외로운 세월을 사는 대비(大妃) 의 장수를 비손하는
뜻이 담겨있지요. 또 한 가지 담은 아니지만 김장밭 둘레에
개나 닭이 들어가지 못하도록 야트막하게 만들어 두르는
울인 '개바자'도 있습니다. 이제 이런 담들은 우리 주변에서
사라져가지만 아름다운 우리 겨레의 추억거리입니다.

3.
50여 종류의 부채,
첩이라 불러

불볕더위가 기승을 부리는 한여름 에어컨이 없었던 조선
시대에는 부채가 사람들의 유일한 위안거리였습니다. 특히
궁궐에서는 부채를 만들어 임금께 바치는 첩선장과 원선장
이란 장인이 있었지요. 일제강점기 잡지 《별건곤》 제14호
(1928.7.1)에는 송작(松雀)이란 사람이 쓴 '붓채와 애첩
(愛妾)'이라는 다음과 같은 글이 보입니다.

붓채는 친할수록 시원하고 상쾌하며 품속에 느어도 실치안코
손에 잡을사록 정이 붓는다. 산아운 더위를 쫏고 청량한 바람
을 주며 타는 햇빗을 가리우고 모긔, 파리 등을 다 모라낸다.
잠자는 민중을 깨워주고 고적한 사람을 위로하여 준다.(가운
데 줄임) 신랑은 도홍선(桃紅扇)을 가지고 상제는 포선(布扇)
을 가지며 무당과 광대는 채색선(彩色扇)을 가지고 기생은
화초선(花草扇)을 가진다. (가운데 줄임) 현재 시중에서 판매
하는 것만 하야도 종류가 약 50여 종이 되는데 그중에는
태극선(太極扇), 비취선(翡翠扇), 도홍선, 파초선(芭蕉扇),
홍일선(紅日扇), 반월선(半月扇), 백운선(白雲扇), 합죽선

(合竹扇), 미선(尾扇), 공작선(孔雀扇), 칠선(漆扇) 등
별의별 붓채가 다 잇서서 우리 보통 사람으로는 이름도
잘 모를 것이 만타"

이 글을 보면 예전에는 참 많은 부채 종류가 있음을 알 수
있습니다. 옛날 쥘부채(합죽선)는 쌀 한 섬 값은 치러야 샀다
는 이야기도 있었지요. 부채에 사용하는 대나무와 한지는
모두 음(陰)의 기운을 갖고 있기에 옛 선비들은 부채를
'첩'이라 부르며 갖은 치장을 하고 애지중지했다고 합니다.
그래서 부채의 사치와 폐해는 이미 태종 때부터 끊임없이
문제가 되었습니다. 예조에서 1·2품은 붉은 비단 원선,
3·4품은 남빛 모시 원선, 5품은 새털로 장식한 학령선,
그 이하는 장식 없는 쥘부채를 쓰는 것이 좋겠다고 했을
때 태종은 그보다 더 간소하게 하라고 할 정도였으니까요.
그런데도 이후 조선시대 내내 화려한 부채는 골칫거리였다고
합니다.

▲ 전라북도 무형문화재 선자장 박인권 선생의 작품 (전주부채연구소 제공)

4.
아마존에서
대박난
영주대장간 호미

지난 2019년 2월 18일 대구신문에는 '미국을 사로잡은 영주
대장간 호미'라는 제목의 기사가 올랐습니다. 경북도가 지정
하는 향토뿌리기업과 산업유산에 동시 지정된 〈영주대장간〉
에서 만든 농기구 호미(YongjuDaejanggan ho-mi)가
2018년 미국 온라인 구매 누리집(쇼핑 사이트) 아마존에서
대박을 터트렸던 것입니다. 우리나라에서는 4천 원가량 하는
호미가 14.95~25달러(1만 6천 원~2만 8천 원)로 비싸게
나왔지만 원예부분 '인기품목(탑) 10'에 오르며 2천 개 이상
팔렸다고 하지요.

ㄱ자로 꺾어진 호미는 손삽만 쓰던 외국인들에게는 '혁명적
원예용품'이라는 평가를 받았고, "호미 쓰기 전에는 정원을
어찌 가꿨는지 의문이다", "덤불 베는데 최고"라는 따위의
구매평이 쏟아졌습니다. 영주대장간 주인 석노기 선생은 초등
학교를 졸업하자마자 매형 대장간에 들어가 대장 기술을
배우기 시작한 지 52년째 명맥을 이어오고 있는데 이제 국제

적으로 명장임을 인정받고 있는 것입니다.

호미를 만들 때도 도라지 캐는 용, 밭매는 용, 안동에서 쓰는 호미 등 쓰임새별·지역별로 종류를 다양화했는데 지금 영주대장간에서는 5가지의 호미를 생산하고 있고, 명품으로 알려져 온 나라 곳곳에서 영주대장간의 호미를 찾는 것은 물론 2013년부터 미국을 비롯해 독일, 오스트리아, 호주 등 세계 곳곳에도 수출하고 있습니다. 더이상 세상이 호미를 외면할 때 꿋꿋이 장인의 길을 이어가는 석노기 선생은 '명품 호미'로 세계를 놀라게 하고 있습니다.

Youngju_Daejanggan, Premium Hand Plow Hoe - Korean Style Ho-Mi with Handmade Production Method for Best Organic Gardening and Horticulture
by Youngju_Daejanggan
★★★★★ · 35 customer reviews
#1 Best Seller in Garden Hoes

Price: **$16.89 & FREE Shipping**
Size: **1 PK**

- HANDMADE PRODUCTION - The Ho-Mi is a hand made product that has been processed several times in the traditional way by blacksmiths in the Korean forge.
- STRONG TOOL - The handle does not come off because the hoshi's iron part is made to penetrate under the hosiery so it is durable and can be used safely for any operation.
- DURABLE AND STURDY - Because it is made using the same material as the spring used for the car lower body, it has superior durability than other products.
- HIGH QUALITY - The durability of the product is excellent, so it is a product that is ordered directly by the experts who have high workload as well as general users.
- PRACTICAL ITEM - Our products have excellent durability for gardening in general households as well as for professionals working in gardening business.

Compare with similar items
New (1) from $16.89

▲ 아마존에서 16.89달러(약 1만 8,800원)에 팔고 있는 호미. '영주대장간, 코리안 스타일 호미'라고 표기되어 있다 (아마존 누리집 갈무리)

5.
놀부가 잊어버린 이름
화초장, 화각장의 예술

고초장, 된장, 간장, 뗏장, 아이고 아니로고나
초장화, 초장화, 초장화, 장화초, 장화초 아이고
이것도 아니로구나.
이것이 무엇일까? 방장, 천장, 송장, 접장
아이고 이것도 아니로구나. 이것이 무엇일까?
갑갑하여 못 살겠네.

위 노래는 판소리 '흥부가' 가운데 화초장 타령 일부입니다.
부자가 된 흥보를 찾아간 놀부는 방 안에 있는 화려한 화초장
을 보고 그걸 빼앗아서 돌아오지요. 신이 난 나머지 '화초장,
화초장…' 하고 노래를 부르던 놀부는 도랑 하나를 건너뛰다
깜빡 그 이름을 잊어버렸습니다. 그래서 '고초장, 된장, 간장,
뗏장' 하면서 "장" 자가 들어간 온갖 이름을 다 불러보지만,
생각이 나지 않습니다.

여기 나오는 화초장(花草欌)은 장 문판에 세밀한 화각공예
기법으로 꽃 그림 장식을 했으며, 부귀(富貴), 공명(功名), 만수

무강(萬壽無疆) 같은 글자를 새겨 넣기도 합니다. 장 안에는 해충의 침입을 막으려고 한지나 비단을 발라 둔 옷장이나 의걸이장(위는 옷을 걸게 되고 아래는 반닫이로 된 장)으로 쓰는 것이지요. 같은 기법으로 만드는 화초문갑도 있는데 이 화초장은 쇠뿔로 만드는 예술로써 국가무형문화재 화각장 장인이 작품을 빚습니다.

화초장은 놀부가 욕심을 내서 직접 지고 갈 만큼 아름다운 장입니다. 조선시대 안방에는 꼭 이 아름다운 화초장이 있었지요. 조선시대 안방을 장식했던 화초장, 이젠 박물관에나 가야 볼 수 있지만, 우리의 아름다운 전통가구입니다.

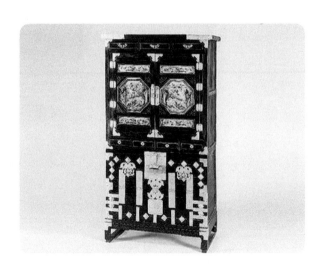

▲ 놀부가 욕심낼 만한 아름다운 화초장 (국립중앙박물관 소장)

6.
낭군이 미워서
두드렸을
다듬잇돌

예전에는 어느 집이나 다듬잇돌과 다듬잇방망이가 있었습니다. 하얀 홑청이 적당히 마르면 얌전히 접어서 다듬잇돌 위에 얹고 두드립니다. 고된 시집살이를 하던 아낙들은 어쩌면 마음을 몰라주는 낭군이 미워서 두드렸을 지도 모르지요.

다듬질할 때는 혼자 또는 다듬이를 가운데 두고 두 사람이 양쪽에 앉아서 하는데 둘이 함께 할 때는 주로 모녀(母女)나 고부(姑婦) 또는 동서(同壻)끼리 방망이가 부딪치지 않도록 서로 호흡을 잘 맞춰서 했지요.

다듬잇돌은 옷감·이불감 등의 천을 다듬을 때 밑에 받치는 살림도구로 화강암·납석·대리석 따위로 만들며, 박달나무·느티나무 같은 단단한 나무로도 만듭니다. 두꺼운 직사각형 모양으로, 크기는 보통 길이 60cm, 높이 20cm, 너비 30cm 가량입니다. 윗면은 반들반들하게 하고 밑면보다는 약간 넓습니다. 밑면의 양쪽에는 손을 넣어서 들어 옮길 수 있도록 홈을 팠습니다. 다듬이 도구에는 다듬잇돌과 방망이가 한 틀이 되며, 방망이는 두 개가 한 틀입니다.

명절이나 혼사(婚事)가 가까워질 때, 그리고 겨울옷을 마련할 때면 집집이 다듬이질 소리가 밤새도록 끊이질 않았습니다. 이 방망이질 소리는 밤중까지 소리가 들려도 이웃에서 시비를 걸지 않았지요. 특히 옛사람들은 아기 우는 소리, 글 읽는 소리와 더불어 다듬이질 소리는 삼희성(三喜聲) 곧 마음을 기쁘게 하는 세 가지 소리라 하여 아무리 심해도 탓하지 않았습니다. 심지어 집안에 이러한 소리가 그치면 '망한 집안'이라고 했지요. 아이들은 다듬잇돌 위에 앉으면 엄마가 죽는다고 겁을 주는 어른들의 말에 감히 다듬잇돌에 앉을 엄두는 내지 못했습니다. 차가운 다듬잇돌에 앉거나 베게로 베면 몸이 차가워져서 좋지 않다고 생각했던 조상의 슬기로움을 엿볼 수 있습니다.

▲ 아낙들이 낭군이 미워서(?) 두드렸을 다듬잇돌과 다듬이방망이 (크라우드픽 제공)

7.
발등을 비춰주던
조족등

▲ 경기도 민속문화재 제14호 조족등 (경기도청 제공)

뉴스에 보면 "밤길 주택가, 환한 LED 등 달아 안심"이라는 기사가 보입니다. 시골이라면 몰라도 도시는 가로등 불빛에 더해, 상가와 자동차 불빛까지 있어 밤에도 환합니다. 그런데 가로등도 없고, 손전등도 없고, 자동차의 불빛도 없던 조선시대에 사람들은 어두운 밤거리를 어떻게 다녔을까요? "차려 온 저녁상으로 배를 불린 뒤에 조족등을 든 청지기를 앞세우고 두 사람은 집을 나섰다" 위 예문은 김주영의 소설 《객주》에 나오는 대목입니다. 여기에 등장하는 '조족등'이라는 것이 바로 조선시대의 밤길을 밝히는 도구였지요.

지난 2020년 5월 경기도는 조족등(照足燈)을 경기도 민속문화재 제14호로 지정했다고 밝혔습니다. 이 조족등은

밤거리를 다닐 때 들고 다니던 등으로 댓가지로 비바람에
꺼지지 않게 둥근 틀을 만들고 그 안에 촛불을 켜는 등입니다.
특히 조족등은 순라꾼이 야경을 돌 때 주로 썼다고 합니다.
조족등을 이름 그대로 풀어 보면 비출 조(照), 발 족(足), 등잔
등(燈) 자를 써서 발을 비추는 등이라는 뜻이 되지요.

아무리 먼 길이라도 발밑을 보아야만 갈 수 있으므로
'천리길도 한 걸음부터'라는 속담과 뜻이 통하는 것 같습니다.
달빛도 없는 칠흑 같은 깜깜한 그믐밤 길을 가려면 돌부리에
챌 수도 있고, 물구덩이에 빠질 수도 있으며, 움푹 파진 곳에
헛짚을 수도 있을 것입니다. 초롱불 수준인 조족등이 요즘
우리가 쓰는 손전등에 견주면 별로겠지만, 그래도 조선시대엔
이것도 큰 도움이 되었을 것입니다. 요즈음 앞날에 한 줄기
빛도 없다고 걱정하는 사람도 많습니다만 옛사람들의
조족등을 떠올려 발밑부터 살피며 한 걸음 한 걸음 내디며
보면 어떨까요?

▲ 순라꾼은 야경을 돌 때 조족등을 밝혔다 (그림 이무성 작가)

8.
어머니의
머리빗을 담아두던
빗접

단아한 모습의 조선 사대부가 여성은 아침마다 얼레빗과
참빗으로 머리를 단정하게 빗었습니다. 이때 머리를 빗는
도구들은 빗접이란 도구에 담아 두었지요. 빗접은 모양에
따라 두 가지가 있는데, 하나는 빗접을 만드는 재료에 따라
창호지 따위를 여러 겹 붙여 기름에 절여서 만든 소첩(梳貼)과
나무로 짜서 만든 소갑(梳匣)이 있습니다. 또 빗접 자체가 고비
겸용으로 만들어져 벽에 걸어둔 것을 빗접고비라 합니다.
빗접은 쓰임새에 따라 크고 작은 서랍이 여러 개 달립니다.

또 꾸민 방법으로 나누면 먹감나무·느티나무·오동나무
따위로 만들어 나뭇결을 그대로 이용한 것이 있는가 하면
자개를 붙여 화려하게 꾸민 '나전빗접', 쇠뿔로 장식한 '화각
빗접'이 있습니다. 그 무늬는 대개 십장생·원앙·연꽃·산수
따위로 여성들의 기호와 취향에 맞는 것들입니다. 빗접은 거울
이 없으므로 면경(面鏡, 주로 얼굴을 비추어 보는 작은 거울)
이나 좌경(座鏡, 앉아서 볼 수 있게 경사지게 만든 거울)은

따로 있어야 하지요.

항상 경대와 함께 머리맡에 두고 썼던 빗접은 빗빗솔(빗살 사이에 낀 때를 빼는 솔)·빗치개(가르마를 타거나 빗살 틈에 낀 때를 빼는 데 쓰는 도구)·가르마꼬챙이(가르마를 타는 데 쓰는 가느다란 꼬챙이)·뒤꽂이(쪽찐 머리 뒤에 덧꽂는 비녀 이외의 꾸미개)·동곳(상투가 풀리지 않게 꽂는 물건) 같은 머리를 손질할 때 썼던 도구들을 넣어 두었습니다. 또 빗질할 때 빠진 머리카락을 모아놓는 기름종이인 퇴발낭(退髮囊)도 그 안에 넣어두었지요. 이렇게 한 해 동안 모아둔 머리카락은 설날 저녁 문밖에서 태우는데 그때 나는 냄새로 악귀나 나쁜 병이 물러간다고 믿었습니다. 우리의 어머니가 아침마다 단정하게 머리를 빗을 때 그 뚜껑을 열던 빗접은 이제 박물관에나 가야 볼 수 있습니다.

▲ 조선시대 머리 손질하는 도구들을 넣어두던 나전빗접 (국립민속박물관 소장)

9.
선비와 책의
아름다운 만남
서안

예전 선비들은 책과 멀리 떨어져서 살 수 없었습니다. 그래서 책을 읽을 때 꼭 있어야 하는 서안은 선비의 벗이었지요.

서안(書案)은 글을 읽거나 글씨를 쓰거나 간단한 편지를 쓸 때 사용하는 낮은 책상으로 서상(書狀)·서탁(書卓)이라는 이름도 있습니다. 붓과 먹을 두는 연상(硯床)을 따로 곁들여 쓰는 것이 보통입니다.

원래 서안은 모양에 따라 궤안(机案)과 경상(經床) 두 종류가 있었습니다. 궤안은 보통 선비들이 쓰던 것으로 단순한 형태의 것이나, 경상은 절에서 불경을 놓아두는 것으로 여의주무늬, 당초무늬 등을 새겼습니다. 하지만, 뒤에는 이의 구별이 뚜렷하지 않고 선비들도 경상을 사용하였지요. 서안은 주로 사랑방 손님과 마주 대하는 주인의 위치를 말해주기도 하나, 지체 높은 집에서는 안방에도 갖춰놓고 썼습니다.

서안은 책을 올려놓는 판이 평평해 수수하지만 가볍지 않은 품위가 있으며, 경상은 양끝이 한옥 처마처럼 위로 살짝 비껴 올라간 아름다운 모양입니다. 언뜻 보아도 단단하게 보이는데 제주도의 산유자나무, 전라도의 먹감나무, 대청도의 늙은 뽕나무로 만든 것을 으뜸으로 쳤습니다. 조선의 서안은 서안을 만든 장인들의 솜씨와 이를 즐겨 쓴 선비들의 멋이 어우러진 아름다우면서도 소박하고 품위 있는 가구입니다. 이런 서안에 앉아 책을 읽는 선비는 이제 볼 수 없겠지요?

▲ 선비의 벗, 서안의 아름다움 (국립중앙박물관 소장)

10.
곡식 말리고
윷놀이·멍석말이도 하던
멍석

저녁을 먹고 나서는 뜰이나 마루에 보리집자리나 멍석가튼 것을 펴고 왼가족이 다 나와 안슴니다. 그리고 솔깡이나 겨릅가튼 것으로 우둥불을 놋슴니다. 그리고는 내일은 무엇을 하느니 아무 논벼는 멧섬이 나느니 팟종자를 개량한다느니 목화바테 무명이 만히 피엇다느니 하야 한참동안 구수한 이야기를 합니다. 그리고는 부인네들은 혹 바느질도하고 혹 삼도 삼고 혹 이야기도 합니다.

이는 일제강점기 잡지 《개벽 제4호》 1920년 9월 25일 치의 '농촌의 밤'이라는 제목의 글입니다. 정겨운 시골 저녁 마당 분위기가 느껴지지요.

지금은 전통한식점, 전통찻집 등에서 멋으로 둘둘 말아 한쪽 벽을 꾸미는 쓰임으로 전락했지만, 멍석은 예전 우리 겨레에게 친근한 삶의 도구였습니다. 멍석은 주로 짚으로 만들었으며 보통 3m × 1.8m 정도의 직사각형이지만 둥근 모양도 더러 있었고, 특히 맷돌질할 때 바닥에 깔아 쓰는 맷방석이라는 둥글고 작은 것도 있습니다. 조선 후기 김형수가 쓴 《월여농가(月餘農歌)》에는 '관도점'이라고 했으며 덕석, 덕서기, 틱성, 터서기 등으로 불렀습니다.

멍석은 고추, 깨, 콩, 벼 등 곡식을 널 때도 쓰고 잔치 때나 상을 당했을 때, 굿판 등 큰 행사 때는 마당에 깔아 놓고, 많은 사람이 앉았으며, 명절에는 멍석에 윷판을 그려 놓고, 윷가락을 던지며 윷놀이도 즐겼지요. 또한 '멍석말이'라는 말도 있는데, 이는 간통 따위를 저지른 사람을 멍석 안에 넣고 둘둘 말아 볼기를 칠 때 쓰던 말의 흔적입니다.

▲ 멍석 깔고 판을 벌여볼까?

11.
볼수록 아름다운
박천지방의
숭숭이반닫이

▲ 숭숭이반닫이 (국립민속박물관 소장)

책 · 두루마리 · 옷 · 옷감 · 제사그릇 따위를 넣어 두는 길고
번듯한 큰 궤(櫃)를 우리말로 반닫이라고 합니다. 앞판의 위쪽
반만을 문짝으로 하여 아래로 잦혀 여닫기에 반닫이라고
하지요. 그런데 반닫이는 곳에 따라 철장식을 쓴 남한산성
반닫이, 개구멍 여닫이문을 쓴 남원반닫이, 은입사(쇠나 구리
같은 금속에 은실을 써서 무늬를 넣는 세공기법)를 하고
광두정(대가리가 둥글넙적한 장식용 못)을 쓴 통영반닫이,
제비추리 경첩을 달며 안쪽 윗부분에 세 개의 서랍이 있는
전주반닫이, 백통과 놋쇠로 조촐하게 장식한 서울반닫이 같은
것들이 있습니다.

이 가운데 쇠판에 숭숭 구멍을 뚫어 무늬와 글자를 새긴 기하학적인 특성의 장식을 단 이름도 예쁜 숭숭이반닫이도 있지요. 평안도 박천지방에서 만들어 박천반닫이라고도 부르는데 추운 지방에서 만들어졌기 때문에 단단한 나무보다는 무른 피나무를 써서 반닫이가 변형되지 않도록 하였습니다. 또 장식의 변형이나 빛깔이 변하는 것을 막으려고 소피에 삶았다고 하는데 이것이 바로 박천지방의 공예기술이라고 합니다.

반닫이는 모서리를 여러 갈래로 나누어 서로 물리게 하는 사개짜임으로 맞추어 궤짝을 짜고 장식을 붙였습니다. 또 윗판은 통판으로 되어 있는데 앞부분과 뒷부분의 두께를 달리하여 상판에 이불을 올려놓았을 때 흘러내리지 않도록 하는 세심함이 담겨 있지요. 요즈음은 서양의 주거 공간인 아파트에 사는 사람이 많지만 이런 반닫이 모양의 옷장 하나쯤 집에 있으면 집안 분위기가 확 달라지지 않을까요?

12.
호랑이가
떠받치고 있는 밥상
호족반

▲ 호랑이 다리 모습을 한 소반, 호족반(虎足盤)

음식을 담은 그릇을 올려놓는 작은 상, 소반의 크기는 너비가
50센티미터 안팎입니다. 한 사람이 소반을 받쳐 들고 부엌
에서 마당을 지나 대청을 오르고 안방이나 사랑방으로
옮겨가는 데 큰 힘을 들이지 않아도 될 만큼의 크기지요. 또
소반의 좌우 폭이나 지름이 성인의 어깨너비보다 크지 않아
양팔에 부담을 주지 않도록 만들었습니다. 게다가 높이도
25~30센티미터 안팎으로 몸을 많이 구부리지 않아도 되며,
팔을 움직이는 데도 큰 불편이 없지요.

이처럼 이리저리 옮겨야 하는 가구이기 때문에 재목은 가벼우면서도 튼튼한 것들을 썼는데 주로 은행나무, 가래나무, 피나무, 오동나무, 소나무 따위입니다. 또 무게를 지탱하기 위하여 목재의 연결부분을 슬기로운 짜임으로 튼튼하게 짜 맞추어 가늘지만, 소반과 그 위에 놓인 그릇과 음식들의 무게를 지탱할 수 있도록 했지요. 그뿐만 아니라 옮기기 편하게 하려고 그릇을 올려놓는 천판이 밖으로 나와 따로 손잡이 없이 양손으로 잡을 수 있도록 설계되었습니다.

그런데 소반의 특징 가운데는 다리도 빼놓을 수 없지요. 다리는 구조적으로 튼튼하게 하되 시각적으로 안정감을 주는 동시에 아름다운 모양새로 만들었습니다. 그래서 여러 가지 모양새가 등장하는데 다리가 하나인 외다리소반(일주반·一柱盤 또는 단각반·單脚盤)과 다리가 곧은 해주반이 있는가 하면 개다리소반(구족반, 狗足盤)과 호랑이 다리 모습을 한 호족반(虎足盤)도 있습니다. 우리 겨레는 '까치와 호랑이' 같은 그림에 맹수인 호랑이를 우스꽝스럽게 그려 놓은 것처럼 호랑이를 밥 먹을 때 쓰는 소반을 받치도록 해놓은 것이지요.

13.
즈믄 해
우리 겨레와 함께한
시루

▲ 즈믄해 우리 겨레와 함께한 시루 (국립민속박물관 소장)

부부는 떡을 하러 나왔다. 남편은 절구에 쿵쿵 빠았다.
그러나 체가 없다. 동내로 돌아다니며 빌려 오느라고 안해는
다리에 불풍이 낫다. 떡을 찌다가 얼이 빠저서 멍허니
앉엇는 남편이 밉쌀스럽다. (가운데 줄임) 닭이 두홰를 치고
나서야 떡은 되엇다. 안해는 시루를 이고 남편은 겨드랑에
자리때기를 꼈다. 그리고 캄캄한 산길을 올라간다.

《개벽 신간 제4호(1935.3.1)》에는 김유정의 '소설 금따는
콩밧'이란 제목의 소설이 실려 있는데 여기에 위와 같은 떡을
하는 부부 이야기가 나옵니다. 소설에서 부부는 시루떡을

해서 산 중턱 콩밭으로 올라가 콩밭에 시루를 놓고 산신께 빌고 있습니다. 이 시루는 떡이나 쌀 등을 찔 때 쓰는 한국 고유의 찜기인데 청동기시대의 유적인 나진 초도 조개무지에서 출토된 것이 있을 정도로 즈믄 해(천년) 우리 겨레와 함께한 도구입니다.

산신 제사 때도 시루떡이 쓰이고, 외동딸 혼례식 때 함 들어오는 날에도 시루떡이 쓰였음은 물론 가을 추수의 풍년제 때도, 기우제 때도 시루떡은 빠지지 않았습니다. 시루는 바닥에 있는 구멍을 통하여 뜨거운 김이 올라와 시루 안의 음식이 쪄지게끔 되어 있으며, 시루 바닥과 둘레가 꼭 맞는 솥을 골라 물을 붓고 시루를 앉힙니다. 이때 시루와 솥이 닿는 부분에서 김이 새는 것을 막으려고 밀가루나 멥쌀가루를 반죽하여 지름 1센티미터 정도로 시룻번을 바릅니다. 군것질거리가 별로 없던 시대는 이 시룻번도 꿀맛이었습니다. 시루떡도 사 먹는 시대여서 시루를 구경조차 하기 어렵지만 어렸을 때 떡을 찌던 어머니가 주던 시룻번이 그립습니다.

14.
뚝배기,
우리 겨레가 만든
슬기로운 그릇

'장맛은 뚝배기'라는 말이 있듯이 뚝배기는 우리 고유의 음식 조리용 오지그릇(붉은 진흙으로 만들어 볕에 말린 뒤 위에 오짓물을 입혀 구운 그릇)의 하나입니다. 뚝배기는 찌개를 끓일 때 또는 삼계탕 · 설렁탕 · 해장국과 같은 음식을 담거나 끓일 때 쓰며 지방에 따라 툭배기 · 툭수리 · 툭박이 · 투가리 · 둑수리 등으로도 불립니다. 뚝배기는 아가리가 넓고 속이 약간 깊은 그릇인데 잿물을 입혀서 섭씨 1,200도 이상의 고온에서 구웠기 때문에 윤기가 나고 두드리면 쇳소리가 나지요.

뚝배기는 김칫독, 장독처럼 높은 온도에서 구울 때 그릇 안에 있던 결정수가 증발해 그 증발한 자리에 아주 작은 미세구멍이 생깁니다. 이 미세구멍은 그릇 밖의 공기와 그릇 안의 공기가 순환할 수 있게 해주는데 이러한 통기성은 그릇 안의 음식이 상하지 않고, 발효하도록 돕습니다.

그뿐만이 아니라 뚝배기는 불에 강한데다 직접 불 위에 올려

놓고 음식을 끓이면서 먹을 수 있어서 보온성이 좋고, 금속제 그릇과 달리 쉽게 끓지는 않지만, 일단 끓고 나면 그 열이 오래가기 때문에 된장찌개를 비롯한 찌개류, 탕류의 음식에는 아주 제격입니다. 또 금속제 그릇이 녹이 슬어 사람 몸에 해로운 물질을 만들어낼 수 있는데 견주어 녹이 슬지 않아 아주 안전한 그릇이기도 합니다. 이렇게 우리 겨레가 만든 뚝배기 속에도 슬기로움은 있습니다.

▲ 우리 겨레의 슬기로움이 담겨 있는 뚝배기 (그림 이무성 작가)

15.
소통하고, 서로의 삶을
이해하는 자리 평상

좌탑은 네 모서리에 장식이 없고, 큰 자리를 얹어놓는다.
관사 안에 지나다니는 길 사이에 두고, 관리들이 쉴 때 사용
하였다. 와탑은 3면으로 난간이 세워져 있으며, 비단 보료가
깔리고 큰 자리가 놓여 있다. 단지 임금과 높은 벼슬아치와
관련한 의식이 있거나, 중국 사신을 접대할 때만 사용한다

중국 송나라 관리로 고려 인종(仁宗) 원년(1123)에 사신으로
온 서긍(徐兢)이 지은 《선화봉사고려도경(宣和奉使高麗圖經)》
에는 이렇게 좌탑(坐榻)과 와탑(臥榻) 곧 평상이 소개되어
있습니다.

김시습(金時習, 1435~1493)이 산중에 열 가지 경취(景趣)를
말했는데, 그 가운데는 평상 위에서 글 읽는 것도 들어있습
니다. 조선 후기 선비 화가 윤두서(尹斗緖)가 그린 〈수하오수도
(樹下午睡圖)〉에는 여름철 시원한 나무 그늘에 평상을 놓고
낮잠을 즐기고 있는 사람이 그려졌습니다. 또 단원 김홍도
(金弘道, 1745~1806?)가 그린 〈삼공불환도(三公不換圖)〉에도

사랑채 대청마루에 평상을 놓고, 그 위에 사람이 누워있는 장면이 보입니다.

평상(平床)은 낮잠을 즐기거나 책을 읽고 바둑을 둘 때 쓰는 것이지요. 기다란 각목(角木)이 일정 간격으로 벌어져 있어 통풍이 잘되므로 여름철에 제격입니다. 두 짝이 쌍으로 된 평상은 올라서는 곳에 난간이 없는 것이 보통입니다. "평상이 있는 국숫집에 갔다. 붐비는 국숫집은 삼거리 슈퍼 같다. 평상에 마주 앉은 사람들. 세월 넘어온 친정 오빠를 서로 만난 것 같다." 문태준 시인의 시 〈평상이 있는 국숫집〉에는 사람들이 평상에 마주 앉아 국수를 먹으며 서로 소통하고 서로의 삶을 이해하는 모습을 잘 그려주고 있습니다.

* 좌탑(坐榻) : 좌상(坐床)이라고도 하며, 사람이 혼자 걸터
            앉도록 만든 가구
* 와탑(臥榻) : 침상 곧 누워서 잘 수 있도록 만든 가구

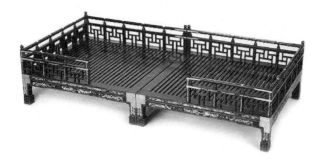

▲ 자개평상(平床), 98.5×98.5×47 (국립민속박물관 소장)

16.
숫맷돌이
암맷돌보다 넓은
남부지방 맷돌

우리의 전통 농기구 가운데는 곡식을 갈아서 가루로 만들 때나 물에 불린 곡식을 갈 때 사용하는 기구인 맷돌이 있습니다. 맷돌은 흔히 한 사람이 손잡이를 돌리고 다른 한 사람은 아가리(구멍)에 곡식을 넣습니다. 그러나 맷돌이 크고 갈아야 할 곡물이 많을 때는 맷손잡이에 가위다리 모양으로 벌어진 맷손을 걸고 2~3사람이 노를 젓듯이 앞뒤로 밀어가며 갈기도 하지요.

그런데 우리나라 맷돌은 중부와 남부 두 지방의 것이 다릅니다. 중부지방의 것은 위쪽 곧 암맷돌과 아래쪽 숫맷돌이 같고, 둥글넓적하여 맷돌을 앉히기가 좋은 매함지나 멍석을 깔고 쓰게 되어 있습니다. 그러나 남부의 것은 숫맷돌이 암맷돌보다 넓고 크며 한쪽에 주둥이까지 길게 달려서 매함지나 매판을 쓰지 않지요. 맷돌의 크기는 매우 다양하여 작은 것은 지름 20㎝에서 큰 것은 1m가 넘는 것도 있습니다. 일반 맷돌보다 곱게 갈 수 있는 맷돌은 풀매라고 부릅니다.

맷돌에도 우리 겨레의 슬기로움이 있습니다. 아래 숫맷돌은 고정하고 위의 암맷돌을 돌리는데 이때 원심력이 생기며, 이 원심력과 함께 달팽이 모양의 홈이 파인 암맷돌 밑 부분을 통해서 곡물이 바깥으로 쉽게 밀려 나가게 했지요. 또 둥글게 만든 것은 바람을 통하게 하여 열이 발생하는 것을 막고, 식물성 물질을 변질 없이 잘 으깨지도록 합니다. 여기에 맷돌은 믹서기의 시끄러운 기계음과는 달리 돌이 맞물려 나는 자연스러운 소리가 나지요.

▲ 위아래의 크기가 같고 매함지나 멍석을 깔고 쓰는 중부지방 맷돌(왼쪽),
위아래 크기가 다르며 주둥이가 길게 달린 남부지방 맷돌

17.
밥사발 · 술사발 ·
국사발 · 죽사발

▲ 백자 사발 (대가야박물관 소장)

밥사발이라는 말은 요즘은 잘 쓰지 않고 밥공기가 대신 그
자리를 차지하고 있지만, 예전에는 흔히 쓰던 말입니다.
"저녁을 물리자 주모는 텁텁한 밑술을 두 사발이나 떠 들여
넣어 주었다 - 《문순태, 타오르는 강》, 팔기는 손수 쑨, 제법
쌀알이 보기 좋게 깔린 감자 죽사발을 아내의 머리맡에 들여
놓는다. - 《김춘복, 쌈짓골》"에서처럼 술을 담으면 술사발
이요, 죽을 담으면 죽사발로 썼지만 이제 일상에서 사발은
보기 어렵습니다.

사발(沙鉢)은 무늬가 없는 백자(白磁) 사발이 많았는데 백자란
고령토로 그릇을 만든 뒤 투명한 잿물을 씌워서 1,300℃의

높은 온도에서 구워낸 순백의 투명한 자기를 일컫습니다. 성현의 《용재총화》에 보면 "세종 때 어기(御器, 임금이 쓰는 그릇)는 백자를 전용하였다"라는 기록이 있으나 일반인들도 백자 사발을 즐겨 쓴 것으로 보입니다. 그러나 세조 때는 백자 사용을 금지하게 되지요. 그 뒤 광해군 8년(1616)부터 일반 사대부에 한정하여 백자 사용이 허용됩니다. 하지만, 일반인의 조선백자에 대한 요구는 대단히 높아서 암암리에 널리 사용되고 있었으며, 18·19세기를 지나는 동안 더욱 고급화되면서 생산량도 증가하여 전국으로 확대됩니다.

사발에 관한 속담으로는 이미 자기 차지임에도 못 챙긴다는 뜻으로 '사발 안의 고기도 놔 주겠다'라는 말이 있는가 하면, 한 가지 일에 재미를 붙이다가 다른 일에 손해를 본다는 뜻으로 '흰죽 먹다 사발 깬다'라는 속담 따위가 있듯이 사발은 예전 우리의 삶 속에 없어서는 안 될 그릇이었습니다.

18.
옛사람의
땀방울이 밴
꼴망태

▲ 옛사람의 땀방울이 밴 꼴망태 (농업박물관 소장)

언제부터 걸려 있었나 잿간 흙벽에 외로이 매달린 작은
꼴망태기 하나 / 그 옛날 낫질 솜씨 뽐내셨을 할아버지의
거친 숨결이 아버지의 굵은 땀방울이 / 찐득찐득 배어들어
누렇게 누렇게 삭아버린 꼴망태기 하나 / 할아버지가
아버지가 나무 지겟짐 세워 놓고 떡갈잎 물주걱 만들어 /
시원하게 목축이다 흘리신 바윗골 약수랑 싱그러운 들꽃
향기랑 / 소릇이 배어들어 바작바작 삭어버린 꼴망태기 하나

위 노래는 최병엽 작사, 한동찬 작곡의 동요 〈꼴망태기〉의
일부입니다. 망태기는 우리 겨레가 오랫동안 써왔던 것으로
새끼 등으로 꼬아 만든 주머니인데 물건을 담아서 다닐 때

쓰는 기구입니다. 망탁·망태라고도 하고, 지역에 따라 구럭·
깔망태·망탱이라고도 하지요. 무게는 800그램 안팎이며,
어깨에 멜 수 있도록 양 끝에 길게 고리를 달아 썼습니다.

망태기는 꼴 곧 말과 소에게 먹이는 풀을 담는 꼴망태가 있고,
장기짝을 넣어 두는 조그마한 장기망태기, 송이버섯을 담는
송이망태기, 개똥망태기도 있습니다. 망태기와는 모양이나
쓰임새가 다른 삼태기도 있는데 쓰레기·거름·흙·곡식
등을 담아 나르는 그릇이지요. 그 밖에 망태기와 관련된 낱말
에는 갓난아기들을 망태기에 넣어서 데려간다는 할아버지인
망태할아버지가 있는데 옛날에 말 안 듣는 아기를 달랠 때
'망태할아버지가 잡아간다'라곤 했습니다. 또 황해도 사투리
가운데 '얼굴망태기'는 곰보를 말합니다.
이제 망태기를 쓰는 사람은 없겠지만 망태기를 보면 옛
어른들이 일하시던 모습이 어렴풋이 떠오릅니다.

19.
밤에
방을 밝혔던
조명도구 등잔

▲ 목제등가와 등잔 (국립중앙박물관 소장)

전기를 쓰기 전까지 우리 겨레가 밤을 밝혔던 조명 도구들 가운데 으뜸은 등잔입니다. 등잔은 기름을 연료로 하여 불을 켤 수 있도록 만든 그릇을 말하지요. 그 재료에 따라 목제·토제·백자·사기·놋쇠·철제·대리석 따위의 등잔이 있습니다. 오래된 유물로는 신라의 토기로 된 다등식와등 (多燈式瓦燈)이 있고, 백제 무령왕릉에서 출토된 백자등잔이 있으며, 고려시대에는 옥등잔(대리석등잔)이 있었습니다.

등잔에는 한지나 솜·베실 등으로 심지를 만들어 기름이 배어 들게 하여 불을 켭니다. 기름으로는 참기름·콩기름·아주 까리기름 등의 식물성과 동물성으로 물고기에서 짜낸 기름 등을 썼지요. 1876년 무렵에 일본으로부터 석유가 수입되면서, 심지꽂이가 따로 붙은 사기등잔이 대량으로 수입, 보급되었습니다. 또 보통 등잔에는 심지를 하나만 꽂을 수 있게 되었지만, 더 밝게 하려고 쌍심지를 켜기도 했습니다. 옛 속담에 '눈에 쌍심지를 켠다' 라는 말도 있었습니다.

등잔과 관련하여 또 다른 속담은 '등잔 밑이 어둡다'라는 게 있는데 등잔은 방을 환히 밝혀 주위를 잘 볼 수 있게 하지만, 정작 등잔 밑은 그림자가 져 보기 힘들지요. 곧 가까이 두고 먼 곳만을 헤맬 때 쓰는 말입니다. 이 등잔은 1970년대로 접어들면서 대부분 전등으로 불을 밝히고 전기가 없으면 양초를 썼기에 거의 자취를 감추어 버렸습니다. 따라서 등잔을 보려면 이제 경기도 용인시 모현면 능원리에 있는 한국등잔박물관이나 민속박물관에 가야만 합니다.

제6장

굿거리
(국악과 춤)

1.
종묘제례악
시작·끝을 알리는
축과 어

국가무형문화재 〈종묘제례악〉을 연주할 때만 쓰는 독특한 악기들이 있습니다. 그 가운데 종묘제례악의 시작을 알리는 축(祝)과 끝낼 때 쓰는 악기 어(敔)도 있는데 그 모습이 참 재미납니다. 여기서 축과 어는 짝이 되는 악기로 국악기들은 앉아서 연주하는 것이 대부분이지만 어와 축은 방대라는 받침대 위에 올려놓고 서서 연주합니다.

축은 네모진 나무 상자 위판에 구멍을 뚫고 그 구멍에 나무 방망이를 세워 상자 밑바닥을 내려쳐서 소리를 내지요. 축은 양의 상징으로 동쪽에 자리 잡고, 겉면은 동쪽을 상징하는 청색으로 칠하며 사면에는 산수화를 그립니다. 축을 치는 수직적인 동작은 땅과 하늘을 열어 음악을 시작한다는 뜻입니다.

그 반면에 어는 엎드린 호랑이의 모습으로 1m 정도의 나무를 깎아 만든 악기입니다. 호랑이의 등에는 등줄기를 따라 꼬리

부분까지 27개 톱니를 길게 박아 놓았습니다. 둥근 대나무 끝을 아홉 가닥으로 쪼갠 채(籈竹-진죽)로 호랑이의 머리를 세 번 치고는 꼬리 쪽으로 한번 훑어 내립니다. 이러기를 세 번 한 다음 박을 세 번 울려 음악을 끝내는 것이지요. 어는 서쪽을 상징하기 때문에 대개 흰 칠을 하고 검정색으로 긴 얼룩무늬를 그립니다.

▲ 종묘제례악에 쓰는 특별한 악기 축(祝, 왼쪽)과 어(敔), (국립국악원 소장)

2.
운명적 기다림을
노래한 전통가곡
'바람은'

바람은 지동치듯 불고 구진비는 붓듯이 온다
눈정에 거룬님을 오늘밤에 서로 만나자 허고
판첩처서 맹서 받았더니
이 풍우 중에 제어이 오리
진실로 오기 곧 오랑이면 연분인가 하노라

이는 여창가곡 우조 우락 '바람은'의 가사입니다. 우린 학창
시절 바우고개, 선구자, 청산에 살리라 등 흔히 한국가곡이라
부르는 노래를 배우고 불렀습니다. 하지만 우리에겐 전통
성악의 하나인 가곡이 있습니다. 가곡은 우리나라 고유의
정형시인 시조시에 곡을 붙여서 국악관현악 반주에 맞추어
부르는 우리나라 전통음악으로, 국가무형문화재로 지정하여
보존되고 있으며, 2010년 유네스코 인류무형유산으로 지정
되었지요.

전통가곡은 삭대엽(數大葉) 또는 '느리고 유장하게 부른다'

라고 하여 만년장환지곡(萬年長歡之曲) 이라고도 부릅니다.
시조, 가사와 함께 정가(正歌)에 속하는데 남성이 부르는
노래인 남창(男唱) 26곡과 여성이 부르는 노래인 여창(女唱)
15곡이 있으며, 남녀가 함께 부르는 남녀창 1곡이 있습니다.
세상에서 가장 느린 노래이며, 노래를 부르며 스스로 되돌아
보는 그런 음악입니다.

위 '바람은' 노래의 주인공은 아마도 기생인 듯한데 임을
하염없이 기다리는 심정이 잘 드러납니다. 주인공은 "아무리
맹세하고 약속했지만, 이 폭풍우 중에 과연 올까?"라고 의심
스러워합니다. 그래도 한 자락 바람은 만일 온다면 우리는
진정 인연일 것이라는 가냘픈 기다림입니다. 이 노래를 한
기생은 과연 그날 밤 임과 꿈같은 만남을 이루었을까요?

▲ 전통가곡을 노래하는 국가무형문화재 가곡 예능보유자 김영기 명창

3.
익살스럽고 앙증맞은
북청사자놀음
사자춤

문화재청이 지정한 무형문화재 가운데는 북한 쪽에서 전승되던 것들도 있습니다. 그 가운데 함경남도 북청군에서 사자탈을 쓰고 놀던 민속놀이인 국가무형문화재 〈북청사자놀음〉도 있지요. 이 사자놀음을 농경사회에서는 정월대보름에 놀았지만, 요즘은 때와 상관없이 놉니다. 또 이 놀음은 집안과 마을의 잡귀를 몰아내고 풍년을 기원하는 지신밟기 계통의 놀이였습니다. 특히 이 사자놀음은 마을 사람들이 하나됨을 비손하면서, 춤과 노래로 흥과 신명을 돋우고 새로운 기분으로 활력을 되찾기 위한 민속놀이였지요.

사자놀음은 먼저 사람들이 모여 마당놀이를 하고 사당춤, 무동춤, 꼽추춤 따위로 한바탕 놀면 사자가 등장하여 사자춤을 춥니다. 사자가 한참을 놀다가 기진하여 쓰러지면 처음에는 스님을 불러 반야심경을 외우지만, 사자가 움직이지 않습니다. 그러면 의원을 불러 침을 놓는데 이에 사자가 기운 차리고 일어나서 굿거리장단에 맞춰 춤을 추면 모두가 함께 춤을 추며, 사자를 놀리기도 합니다.

놀이에는 사자, 양반, 꺾쇠, 꼽추, 사령, 무동, 사당, 중, 의원, 거사들이 나옵니다. 또 이 북청사자놀음에는 퉁소, 북, 징, 장구가 쓰이는데, 특히 다른 지역과 달리 퉁소가 많이 쓰입니다. 아이를 사자에게 태우면 수명이 길어진다고 하여 사자에 태우기도 하지요. 현재 전해지는 민속 탈춤 가운데서 사자춤이 들어있는 것은 봉산탈춤 · 강령탈춤 · 은율탈춤 · 통영오광대 · 수영야류 같은 것들이 있습니다.

▲ 북청사자놀음의 앙증맞은 사자춤

4.
용이 읊조리는 소리
수룡음을
들어볼까요?

혹시 용이 읊조리는 소리 들어보셨나요? 용(龍)은 상상의 동물
이어서 우리가 그 소리를 들어볼 수는 없습니다. 그런데 여기
국악 연주곡 가운데 수룡음(水龍吟)이란 음악은 그 이름에
'용이 읊조린다'는 뜻이 담겨 있습니다. 수룡음은 본래 가곡의
반주음악을 노래 없이 기악으로만 연주하는 곡으로 다른
이름으로는 자진한잎, 사관풍류라고도 하지요. 가곡의
반주는 원래 대금, 세피리, 해금, 거문고, 가야금, 장구 따위로
하는데 특히 수룡음은 관악기 가운데서도 생황과 단소의
병주(생소병주)로 즐겨 연주합니다.

《태종실록》 2년(1402년) 6월 5일 치 기록에 보면 예조에서
궁중 의례 때 쓰는 음악 10곡을 올리는데 10곡을 고른 까닭을
다음 같이 말합니다. "신 등이 삼가 고전(古典)을 돌아보건대,
음(音)을 살펴서 악(樂)을 알고, 악(樂)을 살펴서 정사(政事)를
안다고 하고 또 말하기를, 악(樂)을 합하여 하늘의 신령과
땅의 신령에 이르게 하며 나라를 화합하게 한다"라는 기록이

있습니다. 임금도 악(樂)을 알아야 바른 정치를 할 수 있다고 본 것이지요. 그런데 그 열 곡 가운데 수룡음이 들어있습니다.

수룡음은 생소한 분이 많겠지만 국립국악원이 지난 2015년 9월 30일 영국 런던 새들러즈 웰즈 극장(Sadler's Wells Theatre)의 릴리안 베일리스 스튜디오(Lilian Baylis Studio) 에서 한국 전통음악을 공연했는데 이때 특히 수룡음을 연주하여 큰 손뼉을 받았습니다. 참 맑고 청아한 소리가 나는 음악 수룡음은 특히 외국인들이 참 좋아하며, 손말틀(휴대폰) 컬러링 음악으로 쓰는 사람도 있을 정도입니다.

▲ 생소병주로 '수룡음'을 연주하는 모습 (국립국악원 제공)

조선 역대 임금과 왕비의 신위를 모신 종묘에서 지내는 〈종묘
제례(宗廟祭禮)〉와 〈제례악祭禮樂)은 국가무형문화재로 지정
되었으며, 2001년 5월 18일 유네스코 「인류구전 및 무형유산
걸작」으로 뽑혔고, 2008년에는 유네스코 인류무형유산 대표
목록으로 올랐습니다. 그 종묘제례에는 제향할 때 여러 사람
이 줄을 지어서 추는 춤으로 '일무(佾舞)'라는 것이 있습니다.
'일무'라는 것은 열을 지어서 춤을 춘다는 뜻입니다.

일무는 '문무(文舞)'와 '무무(武舞)'로 나뉘는데 먼저 '문무'는
붉은 홍주의(紅周衣)를 입으며, 왼손에 단소와 같이 구멍을
만들어 소리를 내는 악기 약(籥)을 들고 오른손에는 구멍이
3개 있는, 세로로 부는 악기 적(翟)을 들고 추는데 이 물건은
말과 글을 상징하는 것으로, 학문의 덕 곧 문덕(文德)을 기리는
춤입니다. 이와 달리 '무무'는 역시 홍주의를 입고, 왼손에
방패를 들고 오른손에 은도끼나 칼을 드는데 이는 적을
격퇴하고 방어한다는 것을 상징하며 무인이 갖춘 덕망 곧

무덕(武德)을 기린 것이지요.

또 일무는 4가지로 나뉘는데 1줄에 8명씩 8줄로 64명이 추는
팔일무(八佾舞), 1줄에 6명씩 6줄로 36명이 추는 육일무(六佾舞),
1줄에 4명씩 4줄로 16명이 추는 사일무(四佾舞), 1줄에 2명씩
2줄로 4명이 추는 이일무(二佾舞)가 있습니다. 조선 초기에는
육일무를 추다가 대한제국 때인 1897년 팔일무로 바꾸었으나
1910년 이후 일제에 의해 다시 육일무로 격하되었지요. 그리고
광복이 되고 1960년대부터는 다시 팔일무로 추고 있습니다.

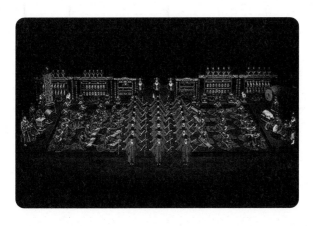

▲ 종묘제례악에서 일무를 추는 모습 (국립국악원 제공)

6.
우리악기 해금과
서양악기 바이올린의 견줌

서양 현악기의 대표적인 것은 아무래도 바이올린입니다. 4줄의 바이올린은 음역이 넓어 독주, 합주, 관현악에 빠져서는 안 되는 중요한 악기지요. 이와 비슷한 우리 악기는 해금입니다. 똑같이 줄을 문질러 소리를 내는 찰현악기이지만, 4줄의 바이올린과는 달리 해금은 오로지 두 줄만으로 기막힌 소리를 냅니다. 오직 줄을 잡는 손의 위치와 줄을 당기는 강약에 따라 음높이가 정해지기에 연주하기는 까다롭지만, 그 환상의 소리는 요즘 현대인에게 큰 인기를 얻고 있습니다. 해금은 조선시대 대표적인 연주형태였던 '삼현육각'을 비롯하여 웬만한 합주 자리에는 빠지지 않지요.

그런가 하면 서양 현악기 가운데 비교적 거친듯하면서 낮은 음빛깔을 지닌 첼로가 있습니다. 첼로의 낮은 소리는 다른 소리를 감싸 안는 느낌을 주지요. 우리 국악에도 그런 악기가 있는데 바로 아쟁입니다. 다만, 아쟁은 명주실 현을 개나리 활대로 문질러 소리를 내기에 금속성 줄을 쓰는 첼로보다는 깊이가 느껴집니다. 아쟁은 다른 현악기에 견주어 음역대는 좁지만, 가야금보다 큰 울림통을 가지고 있어서 그 소리가 매우 웅장하고 오랫동안 음을 지속할 수 있습니다. 오열하는 듯한 아쟁산조 소리는 아녀자의 슬픔이 아닌 남정네의 눈물이라고 흔히 말합니다.

그리고 관악기 가운데는 대금과 플루트가 비슷합니다. 똑같이 가로로 부는 악기인데 음빛깔이 부드럽고 맑아 가락 연주에 알맞지요. 또 음역도 넓어 여러 형태의 악기와 같이 연주합니다. 두 악기가 조금 다르다면 대금의 음깊이가 조금 더 깊고 신비하다는 점입니다. 젓대라고도 부르는 대금은 신라 때는 모든 우환과 근심을 풀어주는 '만파식적'으로 알려졌습니다. 이 밖에 태평소와 트럼펫, 자바라와 심벌즈 그리고 소공후와 하프도 닮은꼴 악기지요. 이처럼 음악을 들을 때 동서양 음악의 차이를 견주어 보거나 악기를 비교해 보는 것도 재미있는 일입니다.

▲ 해금과 바이올린(왼쪽) / 아쟁과 첼로(가운데) / 대금과 플루트

7.
봄아 왔다가
갈려거든 가거라
단가 '사철가'

이 산 저 산 꽃이 피니 분명코 봄이로구나

봄은 찾아왔건마는 세상사 쓸쓸하더라

나도 어제 청춘일러니 오늘 백발 한심하구나

내 청춘도 날 버리고 속절없이 가버렸으니

왔다 갈 줄 아는 봄을 반겨헌들 쓸 데 있나

봄아 왔다가 갈려거든 가거라

이는 단가의 하나인 사철가의 부분입니다. 단가는 판소리를 부르기에 앞서 목을 풀기 위해 부르는 짧은 노래지요.

단가는 사철가 말고도 진국명산을 비롯하여 장부한(丈夫恨)·만고강산(萬古江山)·호남가(湖南歌)·죽장망혜(竹杖芒鞋)·고고천변(皐皐天邊) 따위로 50여 종이 넘지만, 오늘날 10여 종이 불릴 뿐입니다.

그 가운데 사철가는 영화 〈서편제〉(1993)에서 유봉이 눈먼 송화를 데리고 가는 장면에서 나왔던 것으로 단가 가운데 가장 인기가 있고 자주 불리는 것이지요. 이 사철가는 전설의 명창 이동백 · 정정렬 · 김창룡 · 임방울 등이 불렀지만 특히 요즈음은 조상현 명창의 사철가가 더욱 인기를 얻고 있습니다. 조 명창의 걸쭉하면서도 시원한 목소리의 사철가를 듣노라면 후련해지기도 하고, 왈칵 설움이 몰려오기도 한다는 평입니다.

내 청춘이 날 버리고 가버렸으니 봄이 찾아왔어도 세상이 쓸쓸할 수밖에 없습니다. 그래도 소리꾼은 쓸쓸한 세상을 두고 포기하는 게 아니라 '봄아, 갈려거든 가거라'라고 놓아줍니다. 그러면서 '니가 가도 여름이 되면 녹음방초(綠楊芳草) 승화시(勝花時)'라 곧, 우거진 나무그늘과 싱그러운 풀이 꽃보다 나을 때가 온다고 외칩니다. 혹시 인생이 사철가처럼 쓸쓸한 사람이라도 다시 찾아올 녹음방초와 벗할 생각을 가진다면 다소 위안이 될 것입니다.

▲ 봄아 왔다가 갈려거든 가거라 (그림 이무성 작가)

8.
우스꽝스러운 얼굴의 초랭이,
양반을 놀려

▲ 불균형의 극치 하회별신굿탈놀이의
초랭이탈

국가무형문화재 〈하회별신굿탈놀이〉에 보면 초랭이가
등장합니다. 초랭이는 여기서 양반의 하인으로 등장하는
인물인데 초랑이 · 초란이 · 초라니라고도 합니다.

이 초랭이는 무색 바지저고리에 쾌자(快子, 옛 군복의
일종으로 등 가운데 부분을 길게 째고 소매는 없는 옷)를 입고
머리에는 벙거지를 씁니다. '방정맞다 초랭이 걸음'이라는
말처럼 점잖지 못하게 까불거리며 촐랑거리는 역을 하지요.
춤을 출 때도 활달하고 생동감 있게 움직입니다.

초랭이탈은 하회탈 가운데 가장 작은 20×14cm에 불과한데 광대뼈는 입매를 감싸면서 왼편은 위쪽이 툭 불거져 있고 오른편은 아래쪽이 곡선의 볼주름을 이룹니다. 그리하여 왼쪽 입매는 화난 듯 보이지만 오른쪽은 웃는 모습이 되어 기가 막힌 불균형입니다. 또 앞으로 툭 불거져 나온 이마, 올챙이 눈에 동그랗게 파여 있는 눈동자, 끝이 뭉툭하게 잘린 주먹코, 일그러진 언챙이 입을 비롯하여 어느 것 하나 제대로 된 것이 없는 온갖 못생긴 것을 한데 모아놓은 듯한 얼굴이지요.

초랭이는 놀이에서 여인과 놀아나는 중을 비난하고, 양반과 선비를 우스갯거리로 만듭니다. 특히 양반과 선비가 서로 인사를 나눌 때 엎드린 양반의 머리 위에 올라타 선비와 대신 인사를 합니다. 그러면서 초랭이는 험악한 말씨로 양반을 공격하다가 양반의 호령이 떨어지면 얼른 웃는 입매를 짓습니다. 이 초랭이는 하회별신굿탈놀이에서 주인공은 아닐지라도 놀이를 빛나게 하는 중요한 인물입니다.

9.
삼국시대부터 쓴
유일한 화음악기
생황

국립중앙박물관에는 조선 후기 풍속화가 혜원 신윤복의 풍속
화첩이 있습니다. 그 맨 앞면에는 <연못가의 여인>이라는
그림이 있지요. 그림 속의 여인은 커다란 가체(加髢)에 몸에 꼭
붙는 짧은 저고리, 풍성한 치마를 입고 있습니다. 기녀로 보이
는 이 여인은 쓸쓸한 얼굴로 악기 생황을 들고 있습니다. 이
그림 말고도 고려대학교 박물관에 있는 단원 김홍도의 〈생황
부는 소년(송하취생도, 松下吹笙圖)〉에는 한 소년이 머리에
쌍상투를 틀고, 거위 깃털로 만든 옷을 입고, 맨발로 앉아서
생황을 불고 있지요.

또 생황이 그려진 그림에는 김홍도가 그린 간송미술관의
〈월하취생도(月下吹笙圖)〉도 있습니다. 화원인 듯한 한 사내
가 파초 위에 웅크리고 앉아 생황을 불고 있습니다. 영화
'취화선'에서는 장승업과 기생이 단소와 생황을 함께 연주하는
생소병주로 아름다운 음악 수룡음(水龍吟)을 연주하는 모습이
보입니다. 이 생황은 오래된 유물에도 보이는데 신라 성덕왕

때에 지은 평창 상원사, 헌강왕 때 지었다는 문경 봉암사의 범종과 경북 문경의 지증대사 적조탑 탑신 등에 생황이 새겨져 있을 정도입니다.

생황(笙簧·笙篁)은 중국 묘족(苗族)이 만들었다고 전해지는데 삼국시대부터 쓴 국악기 가운데 유일한 화음악기지요. 김을 불어넣는 통은 옛날에는 박통(匏)을 썼으나 뒤에 나무통으로 바꾸어 쓰게 되었으며 이 통의 위쪽 둘레에 돌아가며 구멍을 뚫고, 거기에 죽관(竹管)을 돌려 꽂았습니다. 그리고 죽관 위쪽 안에는 길쭉한 구멍을 뚫어 그것을 막으면 소리가 나고, 열면 소리가 나지 않게 하였습니다. 요즘에는 독주악기로 쓰지 않고 단소와의 2중주에 많이 씁니다.

▲ 국악기 가운데 유일한 화음악기 '생황',
여속도첩 가운데 〈연못가의 여인〉, 신윤복 (국립중앙박물관 소장)

10.
함경도 민중들의
항일의식이 담긴
돈돌날이

돈돌날이 돈돌날이 돈돌날이요
모래 청산에 돈돌날이요
모래 청산에 돈돌날이요
돈돌날이 돈돌날이 돈돌날이요
시내 강변에 돈돌날이요
시내 강변에 돈돌날이요

위는 함경남도의 부녀자들이 바닷가나 강변 또는 산에 모여서 춤을 추고 놀면서 부르던 춤과 노래로 함경남도 지방무형문화재 〈돈돌날이〉 가사입니다. 분포지는 신포시, 북청군, 신창군, 덕성군, 단청군을 비롯한 함경남도 일대와 갑산군, 풍산군 같은 양강도의 일부 지역이지요. 이 가운데 돈돌날이가 가장 활발하게 불린 대표적인 지역은 신포시, 북청군 같은 함경남도 동해안 지역으로 알려져 있습니다.

돈돌날이는 돈돌라리로 표기되기도 하는데, 여기서 돈돌은 돌고 돈다는 뜻이라고 하지요. 또 돌고 돈다는 것은 제자리로 돌아온다는 뜻인데 일제가 물러가고, 식민지가 된 조국도 해방되어 원래의 상태로 돌아온다는 뜻이 들어있는 것이라고 풀이됩니다. 이 밖에 돈돌을 동틀로 이해하여 어둠이 가고 새날이 오는 것으로 해석하기도 합니다. 어떤 풀이든 돈돌날이 놀이 속에는 함경남도 민중들의 항일의식이 들어있음이 분명하지요.

▲ 돈돌날이 (행정자치부 이북5도위원회 제공)

11.
글(文)·말(言)·소리(聲)를
하나로 송서율창

고대 문장가들이 애독 애창하던 진귀한 시문(詩文)이나 수려한 문장 내용이 달빛 고요한 밤에 선비의 낭랑한 목소리로 골마다 울려 퍼지는 모습을 상상해 보라! 그리고 어린이들이 목청을 높여 천리(天理)와 진정(眞正)을 깨닫게 되는 명심보감을 부른다고 상상해 보라! 사라져가는 민족혼을 되찾자는 진정한 메시지로 들리지 않겠는가!

이는 한국전통음악학회 서한범 회장이 송서(誦書)에 대해 한 말입니다. 원로 음악평론가 이상만 선생은 한 학술대회에서 "과학 문명에 의존하지 않았을 때는 글 읽는 소리 곧 송서가 사람의 영혼을 흔들어 놓았다. 정인지의 글 읽는 소리에 이웃 처녀가 매혹된 얘기는 자주 인용되는 사례이기도 하다"라며 송서에 대한 예찬을 한 바 있습니다. 선비의 낭랑한 글 읽는 소리는 갓난아이의 울음소리, 다듬이소리와 함께 "세상에서 가장 듣기 좋은 소리의 하나"라고 하지요.

우리 국악 가운데 송서와 함께 한시(漢詩)를 노래조로 읊는

율창(律唱)을 아울러 송서율창(誦書律唱)이라고 하는 장르가 있습니다. 많은 이들이 이를 잊었지만, 서울특별시는 이 송서율창을 서울시무형문화재 제41호로 지정하여 그 전승을 보호하고 있습니다. 현 예능 보유자로는 (사)서울전통문화예술진흥원 이사장 유창 명창입니다.

글(文)·말(言)·소리(聲)를 하나로 어우러지게 한 한국 고유의 뛰어난 예술 송서율창을 들어볼까요?

▲ 송서율창 공연을 하는 서울시무형문화재 제41호 예능보유자 유창 명창

12.
펑펑 울 수 없었던
남정네여
아쟁산조를 들어라

텔레비전 사극에서는 가끔 오열하는 듯한 소리가 터져 나옵니다. 격정적인 슬픔이 이어질 때 시청자의 눈물샘을 자극하는 바로 아쟁산조인 것이죠. 아쟁은 연주자의 앞쪽에 수평으로 뉘어 놓고 활대를 수직방향으로 써서 연주하거나, 가끔 손가락으로 가야금처럼 뜯기도 하면서 연주하는 악기입니다. 아쟁은 크게 두 종류로 나누는데 정악아쟁은 7현~10현이며, 산조아쟁은 정악아쟁보다 조금 작고 주로 8현입니다.

아쟁은 아시아 여러 나라에 퍼져있는 악기 쟁(箏)의 하나 이지만, 우리의 아쟁(牙箏)은 연주방법이 독특합니다. 일본의 고토(箏, koto)나 중국의 (箏, zheng)은 손가락으로 줄을 뜯거나 퉁겨서 연주하는데 견주어 우리 아쟁은 쟁(箏) 종류 가운데 유일하게 활대를 이용하여 줄과의 마찰로 소리를 내는 악기입니다. 아쟁은 다른 현악기에 견주어 음역대는 좁지만, 가야금보다 큰 울림통을 가지고 있어서 그 소리가 매우 웅장하고 오랫동안 음을 지속할 수 있다는 장점이 있습니다. 또 국악기 가운데는 유일한 저음 현악기이기 때문에 관악합주에서 거의 빠지지 않고 쓰이는 악기지요.

오열하는 듯한 아쟁산조 소리는 아녀자의 슬픔이 아닌 남정네의 눈물이라고 흔히 말합니다. 그것은 소리가 무겁고 장중하기 때문일 것입니다. 느린 진양조 가락에서는 격정적으로 흐느끼다가 중모리-중중모리로 이어지고 빠른 자진모리와 휘모리로 넘어가면서 차츰 한을 풀어헤치다 드디어는 한을 뛰어넘기까지 합니다. 남정네라는 죄(?) 때문에 펑펑 울지 못한 적이 있다면 한을 뛰어넘는 음악 아쟁산조를 조용히 들어보면 어떨까요?

▲ 8현 산조아쟁(위), 10현 대아쟁(아래), (궁중국악기 제공)

13.
재미난 가사로
넘치는 서도민요
사설난봉가

나를 버리고 가시는 님은 십리도 못 가서 발병이 난다

이십 리 못 가서 불한당 만나고

삼십 리 못 가서 되돌아오누나

에헹 어야 어야 더야 내 사랑아 에헤

위는 서도민요의 하나인 사설난봉가 일부입니다. 우리가 흔히
부르는 아리랑 가사에는 "나를 버리고 가시는 임은 십리도 못
가서 발병 난다"라고 하는데 여기서는 십리도 못 가서 발병이
나는 것은 물론 한술 더 떠서 이십 리 못 가서 불한당을 만나
고 삼십 리 못 가서 돌아온다고 합니다. 아리랑은 그저 발병
나기를 바라는 정도지만 사설난봉가는 돌아오기를 간절히
바라는 마음을 더 적극적으로 표현하고 있습니다. 지금이야
임이 떠나면 칼부림을 하기도 하지만, 우리 겨레는 원래 임이
떠나도 해코지하는 대신 그저 민요 한 자락 부르며 가슴 속에
쌓인 한을 날려 버립니다.

그런데 사설난봉가의 해학은 여기서 그치지 않습니다. "앞집

처녀가 시집을 가는데 뒷집 총각이 목매러 간다. 사람 죽는 건 아깝지 않으나 새끼 서발이 또 난봉 나누나"라든가 "영감을 데리고 술장사하자니 밤잠을 못 자서 걱정이고 총각을 데리고 뺑소니치자니 나만 한 사람이 실없어지누나"라거나 "물 길러 간다고 강짜를 말고 부뚜막 우에다 우물을 파려마"라고 합니다. 이렇게 뛰어난 해학으로 한을 승화시키는 우리 민요는 메마른 우리 마음을 촉촉하게 해주는 단비가 아닐까요?

▲ 사설난봉가를 부르고 있는 국가무형문화재 〈서도민요〉 전승교육사 유지숙 명창

14.
정제된 아름다움,
거문고 산조를
들어볼까?

우리 전통음악에는 민속 음악에 속하는 기악 독주곡 형태의 하나로 산조(散調)가 있습니다. 산조는 장단의 틀 말고는 정해진 것이 없으며, 서민들의 슬픔과 기쁨 등의 생활 감정을 담았는데 19세기 말 김창조에 의해 가야금산조가 맨 먼저 생겼습니다. 이어 생긴 것들엔 거문고산조, 대금산조, 해금산조, 그리고 아쟁산조가 있지요. 그 가운데 백악지장(白樂之丈) 곧 모든 악기의 우두머리라고 일컬어지는 거문고로 연주하는 거문고산조는 1896년(고종 33)에 당시 20살이었던 백낙준(白樂俊)이 처음으로 연주했습니다.

백낙준 명인이 틀을 잡은 거문고산조는 백악지장인 거문고로 천한 음악을 연주한다는 반발과 함께 초기에는 빛을 보지 못하다가 개화의 물결을 타고 점차 음악적 값어치를 인정받기 시작하였지요. 이후 거문고 산조는 신쾌동(申快童, 본명 신복동, 1910~1977) 명인에 의한 신쾌동류 거문고산조, 한갑득(韓甲得, 1919~1987) 명인에 의한 한갑득류 거문고산조 두 유파로 발전해왔습니다.

신명이 분출하는 듯하다는 신쾌동류 거문고산조는 현재
국가무형문화재 〈거문고산조〉 보유자 김영재 명인에 의해
이어지고 있지요. 또 구수하면서도 단아한 산조 한바탕으로
그 나름의 독특한 내면세계를 펼쳐준다는 평가를 받는
한갑득류 거문고산조는 현재 국가무형문화재 〈거문고산조〉
보유자 이재화 명인에 의해 그 맥이 이어지고 있습니다.
정제된 아름다움이라는 거문고산조의 소리에 한 번 빠져
볼까요?

▲ 국가무형문화재 거문고산조 보유자 이재화 명인의 연주 모습

15.
처음 보는 풍경에
벅찬 판소리
고고천변

치어다보니 만학천봉이요, 굽어다보니 백사지로다. 허리 굽어진 늙은 장송, 광풍을 못 이겨 우쭐우쭐 춤을 출 제, 원산은 암암, 근산은 중중, 기암은 촉촉, 뫼산이 울어, 천리 시내는 청산으로 돌고, 이 골 물이 주르르르르, 저 골 물이 콸콸, 열에 열두 골 물이 한데 합수쳐 천방자 지방자 얼턱져 구비져 방울이 버끔, 저 건너 병풍석에다 마주 쾅쾅 마주 쌔려

위는 '고고천변일륜홍'으로 시작하는 판소리 수궁가 〈고고천변〉의 한 대목입니다. 이 사설은 별주부가 처음으로 수궁 밖을 벗어나 용왕의 병에 쓸 토끼의 간을 구하러 세상으로 나오는데 풍경이 모두 새롭고 감당할 수 없으리만큼 벅찬 느낌을 담은 것입니다. "시내는 푸른 산을 돌아 이 골 물은 주르르르르, 저 골 물은 콸콸, 열두 골 물이 합쳐져 구비져서 물방울이 일고" 고고천변은 한자말이 섞이긴 했지만 아름다운 우리말을 잘 구사한 소리라 하겠지요.

그만큼 자연을 기막히게 표현한 것으로 워낙 인기가 있어 진작부터 따로 불리고 있는 대목입니다.

고고천변은 중중모리장단의 비교적 경쾌한 창법에 국악 오음의 하나인 '우' 음을 으뜸음으로 하는 우조로 불렸기 때문에 노래의 성격이 씩씩하면서도 엄숙한 분위기를 표현합니다. 판소리에서는 이 '고고천변'처럼 가사 첫머리를 제목으로 삼는 경우가 많습니다. 그 대표적인 예가 춘향가 가운데 쑥대머리나 심청가 가운데 범피중류가 그것입니다. 고고천변을 음반으로 취입한 명창으로는 임방울, 송만갑, 김창환, 김연수 등이 있습니다.

▲ 고고천변 대목이 있는 임방울 명창 음반 표지

16.
두 말뚝이가 마주 보고
깜짝 놀라는 강령탈춤

탈춤이란 가면으로 얼굴이나 머리 전체를 가리고 다른 인물, 동물 또는 초자연적 존재(신) 따위로 분장한 뒤 음악에 맞추어 춤과 대사로써 연극하는 것으로 조선 전기까지 각 지방에서 행하던 가면놀이입니다. 이는 17세기 중엽에 궁궐의 관장하에 산대라 불리는 무대에서 상연하던 산대도감극(山臺都監劇)의 형태였는데, 인조 때 궁궐에서 연희하지 않게 되자 민중 속으로 파고들어 온 나라로 퍼졌습니다.

탈춤 가운데는 황해도 강령지역에서 연희되다가 6·25 한국 전쟁 때 남하한 실향민들에 의해 인천과 서울에서 재현된 국가무형문화재〈강령탈춤〉도 있지요. 강령탈춤은 단오를 중심으로 새해·정월대보름·초파일·한가위 등에 행해졌는데 사자춤·말뚝이춤·목중춤·상좌춤·양반과 말뚝이춤·노승과 취발이춤·영감과 할미광대춤의 7과장으로 구성되어 있습니다. 등장인물은 마부·사자·원숭이·말뚝이·목중·상좌·맏양반·둘째양반·재물대감·도령·영감·할미·용산삼개집·취발이·노승·소무 등 모두 20명입니다.

강령탈춤의 중심이 되는 말뚝이춤은 두 말뚝이가 같은 가면·옷·소도구를 갖추고 왼손에 5~6자(1자 30.3cm)가량 되는 곤장을 드는데 옷은 흰 바지저고리에 조선시대 군사들이 입는 옷의 하나로 겉옷 위에 덧입는 소매없는 홍색 더그레를 입습니다. 두 말뚝이는 각각 탈판 양쪽에서 달음질치듯 껑충껑충 가운데로 뛰쳐나와 서로 마주 보고는 깜짝 놀랍니다. 강령탈춤은 파계승에 대한 풍자와 양반계급에 대한 모욕, 일부처첩의 삼각관계와 서민의 생활상에 대해 다루고 있지요.

▲ 국가무형문화재 강령탈춤 (문화재청 제공)

17.
흐느끼다가
문득 능청스러운
소리를 내는 해금

우리 국악기 가운데는 단 두 줄만으로 만든 악기가 있는데 바로 해금입니다. 《악학궤범》에 보면 "해금은 오랑캐 해족이 좋아하는 악기인데 현도에서 나온 것으로 모양도 같다. 두 줄 사이에 죽편을 넣어서 마찰한다"라고 나와 있어 원래 중국 소수민족인 해족이 쓰던 악기라고 하지요. 하지만 우리나라에 들어온 이후 많이 바뀌었는데 특히 이미 성종 때에 대쪽이 아니라 말총으로 만든 활대로 연주하였습니다.

해금은 늦춰 잡아도 고려 고종 때인 1200년대 초반 무렵 우리나라에서 연주되었다고 하니 1500년~1600년 이전부터 연주되었던 가야금이나 거문고에 견주어 연주 나이가 짧지만 800년 이상 우리나라에서 연주되면서 토착화되었다고 해야 할 것입니다. 원래 외래 악기였던 해금은 이제 웬만한 우리 음악에는 거의 빠짐없이 편성·연주되어 악기계의 감초라 할 만큼 우리 악기로 확고히 자리를 잡았습니다.

12줄의 가야금, 요즘 개량악기인 25현 가야금 악기에 견주면 단 두 줄로만 연주하여 초라할 듯하지만 실은 그 표현 영역이 거의 무한대라 해도 지나치지 않을 만큼 대단한 악기지요. 어느 때는 흐느끼듯 애절한 소리를 내다가 문득 능청스러우면서도 해학적인 소리를 내 양극단을 오가는 그런 악기입니다. 특히 해금은 서양악기와 잘 어울리며 서양음악도 아름다운 소리로 연주할 수 있는 정말 대단한 악기입니다.

▲ 이유라의 해금 연주 모습

18.
달빛이 거문고를 타는지,
거문고가 달빛에 빠졌는지?

은은한 달빛 아래 한 선비는 흐트러짐 없는 자세로 거문고를 탑니다. 달빛이 거문고를 타는지 거문고가 달빛에 빠졌는지 도대체 알 길이 없습니다. 바로 《고사탁족도(高士濯足圖)》로 잘 알려진 왕족화가 이경윤(李慶胤, 1545~1611)의 〈월하탄금도(月下彈琴圖, 견본 수묵, 31.2×24.9 cm, 고려대학교 박물관)의 풍경입니다.

"어르신의 이런 행차가 한두 번이 아니시지. 나는 알고 있어. 봄가을에 보름이 다가오면 이런 나들이를 빼놓지 않으신다는 걸. 그래서 모시고 나와 차를 준비하는 것은 전혀 문제가 아닌데, 언제 연주를 멈추고 '차 올려라' 하실지, 그게 늘 걱정이야. 차 마실 때도 '때'가 중요하거든. (줄임) 오늘은 몇 곡이나 연주하실까. 밤새 저러고 계시지는 않겠지?"
《꿈꾸는 거문고(조선 선비, 음악으로 힐링하다), 송혜진, 컬처그라퍼》에 나오는 이 대목은 마치 선비의 시중을 드는 아이의 심정을 그대로 보여주는 듯합니다.

어떤 이들은 이 그림의 거문고에 줄이 보이지 않는다고 하여 무현금(無絃琴)이라고 합니다. 하지만, 이익의 《성호사설》에 "이경윤이 강원도 지방을 여행하던 중에 신라의 경문왕이 타던 것을 얻었다."라는 구절이 있는 것을 보면 무현금이 아니라 실제 이경윤이 이때 얻은 거문고를 생활 속에서 늘 연주했으며, 이 그림 속의 선비가 이경윤 자신임을 우리는 알 수 있습니다. 조선시대 선비들은 이렇게 늘 거문고를 연주하면서 자신을 치유하곤 했을 것이라는 생각이 듭니다.

▲ 이경윤의 월하탄금도(月下彈琴圖), 견본수묵, 31.2x24.9cm (고려대학교박물관 소장)

19.
삶의 긴장과
이완을 닮은
한국춤

한국춤을 크게 나누면 궁중무용인 정재(呈才)와 민속춤으로
나눌 수 있지만, 그 어떤 것도 정중동(靜中動)과 동중정
(動中靜) 곧 음직이는 듯 멈추고 멈춘 듯 움직이는 것이 그 깊은
세계입니다. 우리 춤은 흥겨움에 빠져들어 몸이 자유자재로
움직이다가 신명이 정점에 다다르면 자신도 모르는 무아지경
에 빠져 한순간 멈춥니다. 그런가 하면 어느새 다시 격렬한
움직임의 세계로 이어지는 것입니다. 우리의 춤이 그렇게
정중동과 동중정이 이어질 수 있는 것은 춤동작의 형태와
형태가 이어지는 춤이 아니라 선과 선이 연결되는 춤인 까닭
이라고 말합니다.

정중동은 '겉으로는 숨 막힐 듯 조용한 가운데 속으로는
부단한 움직임'이 이어지며, 동중정은 '겉으로 강렬하게
요동치고 있는 듯하지만, 속으로는 끊임없이 조화를 추구'
하는 것입니다. 다시 말하면 멈춤에서도 움직임에서도
한순간도 놓치지 않는 것이 그 춤의 세계를 명확하게 읽어낼

수 있음입니다. 그래서 다른 겨레의 어떤 춤 세계와도 달리 격렬한 춤세계만 있거나 교태가 객석의 눈을 흔들리게 해서는 안 됩니다.

특히 무대예술로 승화된 대표적인 민속춤으로서 살풀이나 승무, 태평무 따위에서 보면 한 장단 안에 동작이 변화하기 보다는 두 장단이나 세 장단을 제자리에서 꼼짝하지 않고 멈추어 있기도 합니다. 바로 이렇게 정지된 상태에서 여백의 아름다움이 발산한 뒤, 살풀이 수건이나 승무의 장삼이 용솟음쳐 몰아치는 모습을 보면 끊임없이 긴장과 이완이 반복되는 우리 삶의 세계를 보는 듯합니다. 이제 우리춤을 보면서 삶의 긴장과 이완을 담담하게 바라볼 수 있으면 좋겠습니다.

▲ 이승희 명무의 정중동(靜中動)이 끊임없이 이어지는 살풀이, 승무, 태평무(왼쪽부터)

제 7 장

배달말과 한글

1.
봄편지,
꽃보라 맞고
꽃멀미 하셨나요?

봄이 되어 얼음새꽃과 매화로 시작한 꽃잔치는 진달래,
개나리, 산수유가 저마다 아름다움을 자랑하고, 느지막이
철쭉이 이어받더니 마침내는 이팝나무가 여왕 자리를 차지
합니다. 그렇게 봄날은 온통 수채화 세상인데, 이를 두고 꽃의
아름다움이나 향기에 취하는 것을 토박이말로 꽃멀미라고
하고, 꽃보라가 인다고도 말합니다. 편지를 쓸 때 '꽃보라 맞고
꽃멀미 하셨나요?'라는 말을 쓴다면 맛깔스럽지 않을까요?

5월 15일은 훈민정음을 창제한 역사상 가장 위대한 임금
으로 꼽히는 세종대왕이 태어나신 날입니다. 그런데 이즈음
정부기관이 낸 보도자료들을 보면 행사 이름을 '~의 날'이
아닌 영어로 '~데이(day)'로 써서 우리말을 사랑하는 사람들
에게 꾸중을 들었습니다. 그들은 영어 낱말 하나 쓰는 것을
유식한 것으로 착각하는 모양입니다. 아직도 많은 사람은
한자말이나 영어에 푹 빠져 우리 말글의 중요성을 모를뿐더러
서슴없이 짓밟기도 합니다. 특히 많이 배웠다는 사람들의

말이나 글을 보면 어려운 한자말이나 영어를 심하게 섞어 버무리는 것을 자주 보게 됩니다.

이탈리아도 예전에는 배웠다는 사람들이 이탈리아 말을 업신여기고, 라틴말을 쓰면서 우쭐거렸습니다. 귀족들은 라틴말을 쓰지 않으면 사람 구실을 못 하는 줄 알았지요. 그런데 13세기에 프란체스코라는 성인이 이탈리아 말로 설교를 하고 글을 썼습니다. 그 뒤 14세기 위대한 작가 단테가 〈토박이말을 드높임〉이라는 논설을 라틴말로 써서 귀족들에게 돌리고, 이탈리아 말로 위대한 서사시 〈신곡〉을 지었지요. 이것이 이탈리아 말로도 시를 짓고 학문을 할 수 있다는 본보기가 되어, 페트라르카와 보카치오 같은 사람이 뒤따르면서 토박이말 세상이 되었습니다. 우리도 제발 토박이말로 글을 쓰고 말을 하는 세상을 만들어 가면 좋겠습니다.

▲ 꽃들의 세상이 된 봄에는 꽃보라를 맞고 꽃멀미를 한다 (그림 이무성 작가)

2.
우리말
바람의 종류
싹쓸바람과 실바람

우리나라는 여름만 되면 태풍 영향으로 온 나라가 초비상일 때가 종종 있습니다. 특히 2020년 태풍 바비가 왔을 때 뉴스에는 '바비가 몰고 온 싹쓸바람 전국 초비상', '싹쓸바람 몰고 바비 북상, 내일 영향권', '초속 45m 싹쓸바람 이끌고 오는 태풍 바비' 등의 뉴스가 눈에 띄었지요. 여기서 싹쓸바람이란 지상 10m 높이의 풍속이 초속 32.7m 이상으로 육지의 모든 것을 쓸어갈 만큼 피해가 아주 큰 것을 이릅니다.

그런데 이 바람은 국제적으로 통용되는 바람의 세기(보퍼트 13등급)로 나눕니다. 기상청은 이 등급에 맞춰 우리말 이름을 붙여 놓았습니다. 연기가 똑바로 올라가 바람이 거의 없는 상태(풍속 초당 0~0.2m)는 고요, 풍향계에는 기록되지 않지만, 연기가 날리는 모양으로 보아 알 수 있는 실바람(0.3~1.5m)부터 시작하여 남실바람, 들바람, 건들바람, 된바람, 센바람, 큰바람, 큰센바람, 노대바람, 왕바람이 있는데 이 바람들은 싹쓸바람보다는 약한 것들이지요.

바람의 세기와 달리 바람이 불어오는 방향으로 구분한 우리 말 이름도 있습니다. 먼저 동풍은 샛바람, 서풍은 하늬바람 또는 가수알바람, 남풍은 맞바람(마파람), 북풍은 높바람(뒷바람) 또는 덴바람이라고 합니다. 그밖에 봄에 부는 부드럽고 화창한 명지바람, 으스스하고 쓸쓸하게 부는 바람인 소슬바람, 겨울에 매섭게 부는 칼바람도 있으며, 일정한 방향이 없이 마구 부는 왜바람도 있습니다.

▲ 봄에는 보드랍고 화창한 명지바람이 분다 (그림 이무성 작가)

3.
'너무'라는 말,
예쁘다 앞에 쓰지 말아야

한 텔레비전 프로그램에서는 출연자들이 '너무 예뻐요'처럼 '너무'라는 말을 마구잡이로 쓰고 있었고, 더 기가 막힌 것은 말글살이의 표본이 되어야 할 아나운서도 '너무 앙증맞죠?' 라고 하는 것이었습니다. 너무라는 말을 말광(사전)에서 찾아 보면 '너무 : 【어찌씨(부사)】 정도나 한계에 지나치게'라고 되어 있지요. 예문으로는 "할 일이 너무 많다", "너무 걱정 하지 마라", "장소가 너무 멀다" 따위가 나옵니다.

그렇다면 '예쁘다, 앙증맞다' 따위의 긍정적인 말 앞에 어찌씨 '너무'를 쓰면 그 말뜻은 예쁘고 앙증맞아서 좋지 않다는 뜻으로 풀이될 수 있습니다. '너 오랜만에 보니까 너무 예뻐 졌다'라고 하면 결국 '예뻐져서 안 좋다'라는 뜻이 되어 비아냥거리는 말로 들릴 수 있지요. 물론 '개떡같이 말해도 찰떡같이 알아들어라'라고 하면 할 말이 없지만 어쨌든 학교에서 국어를 12년 이상 배운 사람들로서 '너무'라는 말을 함부로 쓸 일은 아닙니다.

2008년 이명박 정부가 들어서기 직전 당시 대통령직인수위원장이 "미국에서 오렌지라고 말하면 아무도 못 알아듣는다, '어륀지'라고 해야 알아듣는다"라고 하여 논란이 된 적이 있습니다. 우리 사회가 그렇게 영어 잘 쓰는 일에는 신경을 쓰면서 정작 우리말 쓰는 일에는 대수롭지 않게 생각합니다.
말글은 쓰는 사람의 품격을 말해줍니다. 시정잡배가 쓰는 말을 한다든지, 욕설을 섞어 말을 한다든지 하면 어찌 그 사람을 교양 있는 사람이라고 할 수 있을까요? 우리가 교양인들이라면 남의 나라말인 영어가 아니라 우리말 쓰기에 좀 더 신경을 써야 할 것입니다.

▲ 긍정적인 말 앞에 쓰는 어찌씨는 '너무'가 아니라 '정말, 매우, 아주' 같은 긍정적인 말들을 써야 한다 (그림 이무성 작가)

4.
군관 나신걸의
절절한 아내 사랑
한글편지

2011년 대전 안정나씨 문중의 무덤을 이장하던 중 한 여인의
목관에서 한글편지가 발견되었습니다.

분과 바늘 여섯을 사서 보내오. 집에도 다녀가지 못하니 이런
민망한 일이 어디 있을까요. 울고 갑니다. 어머니 잘 모시고
아기 잘 기르시오. 내년 가을에나 나오고자 하오. 안부가
궁금합니다. 집에 가서 어머님이랑 아이랑 다 반가이 보고
가고자 했는데, 장수가 혼자만 집에 가고 나는 못 가게 해서
다녀가지 못합니다. 가지 말라고 하는 것을 구태여 가면
병조에서 회덕골로 사람을 보내 귀양살이를 시킨다 하니,
이런 민망한 일이 어디 있을까요.

군관 나신걸(1461~1524)이 갑자기 북쪽 변방으로 근무지
를 옮기면서 고향에 있는 아내 신창 맹 씨에게 쓴 한글편지
입니다. 나신걸은 아내가 고생할 것을 염려해서 집안의 논밭
을 다 남에게 소작을 주고 농사를 짓지 말라고 당부하지요. 또

노비나 세금, 부역, 공물 등 각종 집안일을 어떻게 처리해야 할지도 자세하게 알려줍니다. 선물로 사서 보낸 분과 바늘은 모두 중국 수입품으로 초급 무관의 몇 달 치 월급을 털어서 샀을 것입니다.

2012년 5월 국가기록원은 500년 전 나신걸이 쓴 편지를 초음파 봉합처리 기법을 활용해 복원했다고 발표했는데 이는 현존하는 가장 오래된 한글편지라고 하지요. 이 나신걸의 편지는 훈민정음이 반포된 지 50여 년밖에 되지 않은 때인데 당시 이미 지방의 군관이 편지를 쓸 정도로 훈민정음은 널리 퍼졌다고 보아야 할 것입니다.

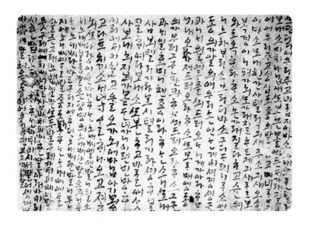

▲ 아내 사랑이 절절히 묻어나는 군관 나신걸의 한글편지(국가기록원 제공)

5.
평등한 아내와
남편 사이,
여보 · 임자 · 이녁

요즘 사람들은 흔히 자신의 배우자를 와이프(wife)라고 영어로 말하는 경우를 많이 봅니다. 하지만 언어사대주의에 찌들지 않았던 예전 사람들은 마누라라는 말을 즐겨 썼습니다. 요즘 사람들은 마누라라는 말이 중년이 넘은 아내를 허물없이 이르는 말로 알고 있지만, 사실은 마누라는 존칭의 뜻으로 쓰던 말입니다. 1882년 흥선대원군이 명성황후에게 보낸 편지는 '뎐 마누라 젼'으로 시작됩니다. 이때 마누라는 아주 완벽히 높인 마무리 말과 함께 종종 같이 쓰여 궁중의 높은 인물을 가리키는 데 쓰던 말이지요.

그런가 하면 우리 겨레는 아내와 남편 사이에 서로를 가리키며 '이녁'이라 했습니다. 〈우리 토박이말의 속살〉이란 글을 썼던 고 김수업 경상대 명예교수(전 우리말대학원장)는 이를 서로가 상대 쪽을 가리키며 자기 스스로라고 하는 셈이라며, 아내와 남편 사이는 둘로 떨어지는 남남이 아니라 서로 떨어질 수 없는 한 몸, 곧 한 사람이니 '그녁'으로 부를 수는 없다고 여긴 것이라고 풀이했습니다. 아내와 남편은 평등할 뿐만 아니라 아예 한 사람이기에, 상대가 곧 나 스스로라고 여겼다는 남녀평등의 생각을 그대로 드러낸 것이라는 말입니다.

또 우리 겨레가 아내와 남편 사이를 부르는 말로 임자라는 말이 있습니다. 알다시피 임자는 본디 '물건이나 짐승 따위를 제 것으로 차지하는 사람'을 뜻하는 여느 이름씨 낱말이지요. 요즘에는 주인이라는 한자말에 밀려서 그 자리를 빼앗긴 듯하지만, 우리가 아껴 써야 하는 토박이말인 것입니다. 곧 서로가 상대를 자기의 임자라고 부르는 것이지요. 서로가 상대에게 매인 사람으로 여기고 상대를 자기의 주인이라고 불렀던 것이며, 아내와 남편 사이에 조금도 높낮이를 서로 달리하는 부름말을 쓰지는 않았던 것입니다.

▲ 임자, 부부 사이의 평등을 드러내는 말 (그림 이무성 작가)

6.
대한민국
말글정책의 큰 틀 만든
최현배 선생

▲ 대한민국 말글정책의 큰 틀을 만든 외솔 최현배 선생과 선생이
일제강점기 한 음식점의 금서집(방명록)에 쓴 '한글이 목숨'

한 겨레의 문화 창조의 활동은, 그 말로써 들어가며 그 말로써
하여 가며, 그 말로써 남기나니 이제 조선말은, 줄잡아도
반만년 동안 역사의 흐름에서, 조선 사람의 창조적 활동의
말미암던 길이요, 연장이요, 또, 그 성과 축적의 끼침이다.
그러므로, 조선말의 말본을 닦아서 그 이치를 밝히며, 그 법칙
을 드러내며, 그 온전한 체계를 세우는 것은, 다만 앞사람의
끼친 업적을 받아 이음이 될 뿐 아니라, 나아가 계계승승
(繼繼承承)할 뒷사람의 영원한 창조활동의 바른길을 닦음이
되며, 찬란한 문화건설의 터전을 마련함이 되는 것이다.

위는 외솔 최현배 선생이 펴낸《우리말본》머리말에 있는 말

입니다. 최현배(崔鉉培, 1894~1970) 선생은 1929년 조선어 사전편찬회의 준비위원과 집행위원으로 활동하면서 1933년 까지 한글 맞춤법 통일안을 이루어내기 위해 온 힘을 다했고 표준어 사정, 외래어 표기법 제정에 핵심적인 역할을 하였습니다. 1942년 선생은 한글을 역사적으로 또 이론적으로 연구한 《한글갈》을 펴냈는데 이 해에 '조선어학회 사건'으로 검거되어 광복될 때까지 옥중 생활을 하였지요. 조선어학회 사건은, 일제가 조선어학회를 어문활동을 통하여 독립운동을 하는 단체로 규정하여 주요 회원들을 체포, 징역형에 처한 사건입니다.

광복이 된 한 달 뒤인 9월 21일에 선생은 미군정청 편수국장 과 '조선교육심의회' 교과서편찬분과위원회의 위원장이 되어 교과서 펴냄의 기본 방향 수립에 주도적인 역할을 하였습니다. 광복되었지만, 일본어로 된 교과서를 쓸 수는 없었기에 새로운 교과서 편찬은 매우 종요로운 일이었지요.
이때 선생의 이끎으로 '조선교육심의회'가 결의한 교과서 펴냄의 기본 방향은 첫째로 초 · 중등학교 교과서는 모두 한글 로 하되, 한자는 필요한 경우에 괄호 안에 넣을 수 있게 한 것이며, 둘째로 교과서는 가로쓰기로 한다는 것이었습니다.
일제강점기 한 음식점의 금서집(錦書集, 방명록의 하나)에 '한글이 목숨'이라는 글을 써놓을 만큼 한글에 목숨을 건 학자며 독립운동가였던 최현배 선생은 대한민국 말글정책의 큰 틀을 만드는 데 큰 역할을 한 참으로 위대한 분입니다.

7.
임금과
왕비가 보낸
한글 편지

우리는 최만리를 비롯한 대다수 집현전 학자가 훈민정음 창제를 반대했음을 잘 알고 있습니다. 그뿐만 아니라 훈민정음을 창제했어도 왕실이나 사대부들이 훈민정음이 언문이라며 외면한 줄 알고 있었습니다. 그러나 전해지는 문헌을 보면 임금부터 왕실 어른들은 한글로 편지를 썼음을 알 수 있지요. 또 이렇게 왕실이 한글편지를 썼다면 사대부 벼슬아치들도 적극적으로 쓰지 않았다고 할지라도 이를 외면할 수는 없었을 것입니다.

특히 정조임금은 어렸을 때부터 한글을 썼던 임금 가운데 하나였습니다. 정조가 만 3~4살부터 46살 때인 정조 22년(1798년)까지 큰외숙모인 여흥민씨(驪興閔氏)에게 보낸 한글편지 16점을 모아 묶은 편지첩 《정조국문어필첩(正祖國文御筆帖)》이 그 확실한 증거입니다. 《정조국문어필첩》에 보면 5~6살 무렵 쓴 한글편지의 내용에 "가을바람에 기후 평안하신지 문안 알기를 바라오며 뵌 지 오래되어 섭섭하고도

그리워하였사온데 어제 봉한 편지를 보고 든든하고 반가워
하였사오며 할아버님께서도 평안하시다고 하시오니 기쁘
옵나이다. 원손"이라고 되어 있어 어린 정조의 의젓함을 엿볼
수 있습니다.

또 우리에겐 선조가 옹주에게 보내는 편지도 남아 있지요.
선조가 아픈 옹주의 건강을 염려하며 쓴 것으로 아버지로서
딸을 염려하는 마음이 잘 드러나는 편지입니다. 내용을 보면
자연히 나을 것이라며 딸에게 염려 말라고 용기를 북돋아
주고 있습니다. 물론 한자도 섞인 편지지만 한글이 주로
쓰였음을 볼 수 있지요. 그뿐만 아니라 숙종의 비인 인현왕후
가 보내는 한글편지도 있는데 고모가 아프다는 것을 듣고
약재 목록을 보내주면 약을 구해다 주겠다고 한 편지도
있습니다. 따라서 훈민정음은 창제 이후 한자와 함께 당당히
쓰인 조선의 또 하나의 공식 글자였음이 분명합니다.

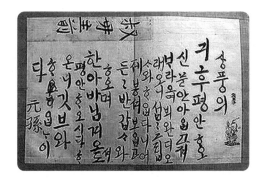

▲ 정조임금이 원손 시절 외숙모에게 쓴 한글편지 (개인소장)

8.
결혼 대신
혼인이란 말 쓰면
좋은 까닭

▶ 평생도 8곡병 가운데 '혼인도'
  (국립중앙박물관 소장)

우리가 쓰는 말 가운데는 엉뚱한 말에 밀려 본래의 우리말이 잊혀 가는 것이 있는데 그 가운데 바로 혼인(婚姻)도 그 하나로 지금은 모두가 혼인이 아닌 결혼(結婚)이란 말을 쓰고 있지요. 먼저 혼인이란 말을 살펴보면 혼(婚)은 혼인할 '혼'이기도 하지만 '아내의 친정'을 말하고 있습니다. 그런가 하면 인(姻)은 '사위 집'을 뜻합니다. 따라서 이 혼인이란 말은 아내와 사위 곧 '남녀가 장가들고 시집가는 일'이 되는 것입니다.
그러나 결혼(結婚)이란 말은 인(姻)이 없으므로 남자가 장가간다는 뜻만 있고 여자가 시집가는 것에 대한 뜻은 없습니다. 따라서 혼인에 견주면 결혼은 남녀를 차별하는 말이라 할 수 있지요.

혼인이란 말뿐이 아니라 우리 겨레는 혼인하는 시각도 양을 대표하는 해와 음을 대표하는 달이 만나는 시각(해와 달은 하루에 새벽과 저녁 두 번 만난다) 가운데 저녁 시간인 유(酉)시 곧, 5시에서 7시 사이에 치렀는데 이는 음과 양 어느 한쪽에 치우치지 않게 하려는 철학도 가지고 있었습니다. 이와 함께 남녀의 짝을 배필(配匹)이라고 하는데 이는 유(酉)시에 나(己)의 짝(配)을 맞이한다는 뜻이 들어있지요.

한편, 전통혼례에서 신랑신부가 맞절할 때 여자는 두 번씩 두 차례 남자는 한 번씩 두 차례 절을 하는 것을 보고 남녀차별이라고 생각하는 사람이 있는데 이는 잘못 생각하는 것입니다. 남자는 양이므로 양의 기본수가 1이며, 여자는 음으로 음의 기본수가 2인데 통과의례 같은 큰 의식에서는 기본회수의 갑절을 하는 것이므로 남자는 1의 두 배인 두 번을 여자는 2의 두 배인 네 번을 하는 것입니다.

특히 우리 전통사회에서는 혼인하고 나면 부부 사이의 나이 차이는 의미가 없어지고 부부가 그 격이 같아지는 것으로 생각했습니다. 그래서 부부 사이에는 말부터 존대하게 하여 서로를 존중하도록 하였지요. 부부가 서로를 높이면 부부의 격이 함께 올라가고 서로를 업신여기면 부부의 격이 함께 떨어진다고 여긴 때문입니다. 시간에 쫓겨 아무 생각 없이 뚝딱 해치우는 서구식 결혼식에 견주어 우리의 전통혼례는 참으로 깊은 뜻이 들어 있습니다.

9.
올바른 말글생활,
파이팅 대신
'힘내자'라고 써야

한 신문에는 '국민을 위하여, 파이팅'이라는 기사가 올랐습니다. 이 파이팅을 《표준국어대사전》에서 찾아보았더니 "운동 경기에서, 선수들끼리 잘 싸우자는 뜻으로 외치는 소리. 또는 응원하는 사람이 선수에게 잘 싸우라는 뜻으로 외치는 소리. 힘내자로 순화"라고 나옵니다. 그런데 이를 다시 〈다듬은 말(순화어)〉에서 찾아보니 순화어로 '힘내자! 아자'라고 하면서 '순화 대상 용어와 순화한 용어를 모두 쓸 수 있음'이라고 토를 달아 놓았습니다.

파이팅(fighting)이란 말은 본래 영어권 사람들에게는 통하지 않는 출처가 모호한 가짜 영어입니다. 파이팅은 호전적인 뜻으로 싸우자, 맞장뜨자는 정도의 뜻일 뿐이며, '어려움을 무릅쓰고 계속하자!'를 나타내는 말은 키프 잇 업(keep it up)이라고 해야 한다고 하지요. 따라서 파이팅은 분명히 잘못된 말입니다. 그래서 순화어로 바꿔 써야 옳을 텐데도 국립국어원은 많은 사람이 쓰니까 함께 써도 좋다고 하는데 이는 국립국어원의 잘못된 태도입니다.

사람들은 아무 데서나 아무 때나 파이팅을 남발합니다. 원래
우리 겨레는 그런 상소리를 좋아하지 않았지요. 따라서
품격 있는 말글살이를 하려면 파이팅이란 엉터리 말 대신
'얼씨구!, 힘내자!, 영차!, 아자아자, 아리아리' 같은 말을
써야만 할 것입니다. 12년에서 16년이나 국어공부를 하고도
이렇게 기초적인 우리말도 엉터리로 쓴다면 부끄러운 일이
아닐까요? '힘내자'는 말조차 자기나라 말로 표현할 줄 모르는
것을 부끄럽게 여기는 사람들이 늘어날 때 우리말글은 빛날
것입니다. 이제 '파이팅'이 아니라 '아리아리'라고 했으면
좋겠습니다.

▲ 파이팅이라 하면 영어를 아는 사람은 맞짱뜨자라고 하는 줄 안다
(그림 이무성 작가)

10.
한국인보다
한국을 더욱 사랑한
헐버트 박사

▲ 한국인보다 더 한국을 사랑한 호머 헐버트 박사,
헐버트 박사가 한글로 쓴 세계지리서 《사민필지》, (국립한글박물관 소장)

국립한글박물관에는 한글로 된 세계지리교과서 《사민필지》가
있습니다. 《사민필지》는 호머 베잘렐 헐버트(1863~1949)가
펴낸 것으로 당시 조선인의 세계지리인식에 크게 이바지하였
을 뿐 아니라 순전히 한글로만 쓴 까닭에 더 많은 조선인이
새로운 지식에 접근할 기회와 한글 발전에 큰 도움을 주었
다는 평가입니다.

한글로만 쓴 이 책은 1890년대 국어 연구의 자료가 된다고
하지요. 표기법에서 한글만으로 쓰면서도, '글ㅅ자, 언문ㅅ법'
등 사이시옷이 쓰였고, 된소리 표기에 전통적인 된시옷과

함께 'ㄲ, ㅆ' 등이 '뽈니, 똑똑이' 등과 같이 쓰인 점이 주목
됩니다. 그리고 유럽 나라들 이름을 영어식 발음에 따라
"유로바·노웨국·쉬덴국·덴막국·네데란스국" 처럼 적기
도 했습니다. 또 헐버트는 구전으로만 전해 오던 아리랑을
서양 음계로 채보하여 전 세계에 소개하기도 했지요.

헐버트는 1895년 명성황후시해사건 이후 고종을 호위하며,
가까이서 보필하고 자문하는 것은 물론 미국 등 서양 나라들
과의 외교 또는 대화 창구 기능을 했습니다. 그뿐만이 아니라
일본제국이 조선을 침탈하자 조선의 자주권 회복 운동에
헌신합니다. 헐버트는 '한국인보다 한국을 더 사랑했다'라는
평가를 받으며, 1950년 외국인으로서는 처음으로 건국훈장
독립장에 추서된 분이지요. '나는 웨스트민스트 사원에
묻히기보다는 한국 땅에 묻히기를 원한다'라고 한 그의
마지막 소원에 따라 그의 주검은 양화진 외국인 무덤에
묻혀있습니다.

11.
호우 대신
큰비라고 쓰면
어떨까?

해마다 7월 무렵에는 쏟아지는 장맛비 소식으로 넘쳐납니다.
그런데 '광주·대전 등 5개 시도에 호우경보… 중대본 2단계
가동', '서울·경기·충청 호우특보… 시간당 40㎜ 폭우',
'[날씨] 수도권 호우특보… 최고 150mm 더 온다', '한·중·일
동시 장마권… 집중호우 초비상' 같은 기사 제목에서 보듯
텔레비전이건 신문이건 너도나도 '호우' 타령이지요.

《조선왕조실록》에서 호우(豪雨)를 찾아보면 《순종부록》
1925년 7월 20일 기록에 처음이자 마지막으로 나올 뿐입
니다. 그런데 이 《순종부록》은 일본인들의 손으로 간여하거
나 쓰였기 때문에 왜곡되었을 가능성이 큽니다. 그 때문에
《조선왕조실록》을 통틀어 《순종부록》에 단 한 번 나오는 이
호우(豪雨)는 분명히 우리가 쓰던 우리말이 아니라고 봐야
합니다. 대신 대우(大雨)를 《조선왕조실록》에서 찾아보면 무려
960번이나 등장하지요.

한자 豪(호)는 호걸 또는 귀인으로 긍정적인 뜻이 있지만, 큰비가 사람들에게 호인이나 귀인같이 좋은 손님일 수는 없습니다. 큰비를 뜻하는 아름다운 우리 토박이말에는 무더기비, 자드락비, 채찍비, 억수, 달구비 같은 말들이 있지요. 이런 아름다운 많은 토박이말을 놔두고 굳이 일본말 쓰레기를 쓰는 까닭은 차마 일본이 좋아서는 아닐 것입니다, 제발 이제는 호우(豪雨)라는 말 대신 큰비나 무더기비로 고쳐 쓰면 어떨까요?

▲ 큰비가 온 뒤 침수된 섬진강 하류 부근 (남원포유 제공)

12.
아내에게
38통의 애틋한
한글편지를 보낸 추사

조선시대 이름난 학자들은 거의 한글을 외면했지만 추사 김정희(1786~1856)는 평생 40통의 한글편지를 남겼습니다. 그 40통 가운데 며느리에게 보낸 2통을 빼곤 모두 부인 예안 이씨(禮安李氏)에게 쓴 것이지요. 추사는 첫째 부인 한산 이 씨가 혼인 5년 만에 죽자 삼년상을 마치고 예안 이 씨와 재혼해서 20여 년을 살았는데 추사는 예안 이 씨를 무척 사랑했으며 이것이 38통의 한글편지에 고스란히 담겨 있습니다.

추사는 당쟁에 휘말려 20여 년 동안이나 유배생활을 한 까닭에 아내에 대한 애틋한 마음을 편지로 썼던 것입니다. 하지만 당시 제주도로 유배 가 있는 동안 쓴 편지는 빠르면 두 달, 늦으면 일곱 달이나 걸렸다고 합니다. 편지에서 추사는 병약한 몸으로 지아비가 없는 20여 년 동안 효성을 다하고 덕을 쌓은 이 씨에게 늘 고맙고 미안한 마음을 표했고, 이에 이 씨는 마땅히 해야 할 일을 한 것뿐이라며 쑥스러워했다고 하지요.

그런 와중에서 병을 앓던 이 씨는 1842년 11월 13일 세상을 뜨고 맙니다. 그런 줄도 모르고 11월 14일과 18일 연이어 편지를 보낸 추사는 다음 해인 1월에야 유배지에서 이 씨가 죽었다는 소식을 듣고 도망처가(悼亡妻歌) 편지를 보냅니다. "내세에는 서로 바꿔 태어나 천 리 밖에서 나는 죽고 그대가 살아 나의 이 슬픔과 고독을 그대가 알았으면"이라는 편지글 속에는 사랑하는 아내를 잃은 지아비의 안타까운 마음이 잘 담겨 있습니다.

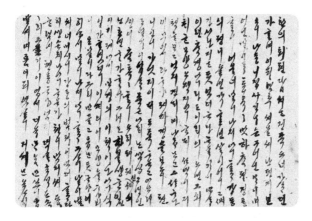

▲ 추사가 아내 예안이씨한테 보낸 한글편지 (국립중앙박물관 소장)

13.
언론이 쓰는 말들
씽크홀 · 지반침하 · 땅꺼짐

텔레비전 뉴스에 '등산로 삼켜버린 지름 50m 씽크홀, 주민 불안'이란 기사가 나왔습니다. 또 한 신문에는 '집중호우 곳곳 지반침하 비틀린 아파트'라는 기사도 보입니다. 그런가 하면 '부산서 깊이 50cm 땅꺼짐 현상 발생'이란 기사도 있었지요.

사전을 찾아보면 씽크홀은 영어 'sink hole'로 '지반 내 공동이 붕괴되어 나타나는, 대체로 좁은 규모로 땅이 가라앉아 생긴 구멍'이라고 풀이해놓았습니다. 또 지반침하는 한자로 '地盤沈下'라고 써서 땅이 가라앉는 현상이라고 합니다. 결국, 씽크홀 · 지반침하 · 땅꺼짐 모두 같은 말이지요. 그런데도 이렇게 서로 달리 혼란스럽게 쓰는 까닭은 무엇일까요?

몇 년 전 한 국어학자는 우리나라 말글생활에 대해 말하면서 "음식점을 말하면서 가든이라 하면 고급스러운 곳을 생각하고, 보통은 식당이라고 하면서, 밥집이라 하면 싸구려 식당이라고 인식한다. 영어로 말하면 고급이고, 우리말로 말하면 싸구려라고 생각하는 이런 참으로 한심스러운 행태가

기가 막히다"라고 한탄하는 것을 본 적이 있습니다.

사실 우리 국민치고 '씽크홀과 지반침하'를 정확하게 영어와 한자로 쓰고 그 뜻을 이해하는 사람이 얼마나 될까요? '땅꺼짐'이라고 썼다고 해서 무식하다고 비웃을 사람은 없을 것입니다. 정말 언론이 국민·독자와 소통을 원한다면 누구나 쉽게 알 수 있는 우리말 '땅꺼짐'을 써야 할 일이 아닐까요?

▲ 영어로 씽크홀, 한자말로 지반침하는 우리말 땅꺼짐으로 (그림 이무성 작가)

14.
한민족 대신
우리말
배달겨레를 쓰자

《표준국어대사전》은 겨레를 '같은 핏줄을 이어받은 민족'이라고 풀이해놓았습니다. 그렇게 국어사전이 겨레를 한자말 민족으로 바꾸어놓으니까 사람들이 우리말 '겨레'는 버리고 한자말 '민족'만 쓰면서, 남녘 한국에서는 '한민족'이라 하고 북녘 조선에서는 '조선민족'이라 합니다. 같은 겨레이면서 저마다 다른 반쪽을 도려내 버리고 남은 반쪽인 저만을 끌어안는 이름을 만들어 부르며 살아가는 것이지요. 그러면서도 남이나 북이나 틈만 있으면 '통일, 통일' 하는 소리를 반세기 넘도록 줄기차게 되풀이하고 있습니다.

배달겨레라는 말이 요즘은 거의 꼬리를 감춘 듯하지만, 일제 침략 시절까지만 해도 자주 쓰던 낱말이다. 그러나 광복 뒤로 남북이 갈라진 다음, 친일 세력이 남쪽 한국을 다스리면서 제 나라만 챙기고[국수주의] 제 겨레만 내세우는 [민족주의] 낱말이라고 몰아붙여서 너도나도 쓰기를 꺼리게 되었다. 그러나 이제 온 세상 모든 사람과 더불어 어우러져 살아가지 않을 수 없는 세상이 왔으니 이런 낱말 곧 '겨레'도 새삼 쓸모가 생겨난 듯하다. 온 세상 사람들과 손잡고 더불어 살아가자면 먼저 갈라진 제 겨레부터 하나로 싸안는 것이 차례일 터이기 때문이다.

이는 평생을 우리말을 올바로 세우기 위해 온 정성을 쏟다가 지난 2018년 세상을 뜨신 배달말 으뜸학자 김수업 선생이 하신 말씀입니다. '배달'은 환웅이 처음 하늘에서 내려와 우리 겨레가 신시조선이라는 동아리를 이루어 살기 비롯한 땅의 이름이며, 신시조선을 이어받아 왕검조선이라는 동아리를 이루어 다스린 단군왕검의 이름이기도 하지요. 그러니까 '배달겨레'는 신시조선과 왕검조선의 땅에서 환웅에게 핏줄을 받아 함께 어우러져 오늘까지 살아오는 자랑스러운 우리 겨레를 뜻하는 이름입니다. 정말로 우리말을 사랑하고, 겨레의 얼을 지키려 한다면 '한민족' 대신 '배달겨레'라는 말을 쓰는 것이 좋지 않을까요?

▲ 우리는 자랑스러운 '배달겨레'다 (그림 이무성 작가)

15.
복수초는 얼음새꽃,
큰개불알꽃은
봄까치꽃

해마다 봄이 되면 산과 들은 꽃 세상이 됩니다. 그런데 눈 속에서 맨 먼저 피어나는 꽃은 복수초라고 합니다. 복수초라는 꽃 이름을 처음 듣는 사람들은 '꽃이 복수를 하나?'라면서 고개를 갸우뚱할지도 모릅니다. 그런데 여기서 '복수'는 원한을 갚는 복수(復讐)가 아니라 복수(福壽) 곧 복과 목숨을 뜻하는 것으로 일본 사람들이 부르는 이름을 그대로 따라 부르는 것입니다. 그래서 이제 '복수초' 대신 얼음 사이를 뚫고 피는 꽃이라는 뜻의 '얼음새꽃'으로 부르는 이들이 늘어납니다.

예쁜 우리말 이름을 놔두고 일본식을 따라 부르는 것은 큰개불알꽃, 개불알꽃, 며느리밑씻개, 도둑놈의 갈고리 따위도 있습니다. 《창씨개명된 우리 풀꽃(인물과사상사)》을 펴낸 이윤옥 작가는 "푸른 꽃잎이 4장 달린 큰개불알꽃은 열매가 개의 불알을 닮았다고 해서 일본 식물학의 아버지라 불리는 마키노 토미타로우(牧野 富太郎 1862~1957)가

이누노후구리(犬の陰囊, イヌノフグリ)라는 이름을 붙인 것을 한국인들이 가져다 큰개불알꽃으로 부르는 것이다"라고 말합니다.

요즘 많은 누리꾼은 큰개불알꽃 대신 봄까치꽃, 개불알꽃 대신 복주머니난(꽃)이라고 부르고 있습니다. 늦었지만 예쁜 이름으로 다시 살아나 기쁜 마음이 듭니다. 그런데 어떤 이들은 이렇게 유쾌하지 않은 이름이 아니어도 오랫동안 써왔으니까 그대로 불러야 한다고 말합니다. 하지만 우리말로 된 예쁜 꽃 이름을 놔두고 일본말을 굳이 쓰려는 것은 민족의식이 없는 탓이 아닐까요? 한현수 시인은 얼음새꽃을 두고 "모진 겨울의 껍질을 뚫고 나온 / 핏기 어린 꽃의 날갯짓을 봐"라며 노래합니다. 이렇게 아름다운 꽃에는 예쁜 우리말 이름을 써주어야 하겠습니다.

▲ 눈을 뚫고 핀 얼음새꽃 (사진작가 이명호 제공)

16.
문학은
말꽃이란 말로
바꿔 쓰자

우리는 시(詩), 소설(小說), 수필(隨筆), 희곡(戱曲) 등을 아울러서 문학(文學)이라고 합니다. 문학(文學)은 본디 '글의 학문'이라는 뜻으로 공자가 처음 썼다고 하는데, 우리는 지금 '문학'을 그러한 뜻으로 쓰는 것이 아니며, 서양 사람들이 리터러처(literature)라고 하는 것을 일본 사람들이 '문학'이라 뒤쳐(번역) 쓰고 있는 것을 우리가 그대로 가져와서 쓰고 있습니다.

문학은 글월 '문(文)' 자 뒤에 배울 '학(學)' 자를 붙인 말인데 예술을 뜻하는 말에 왜 배울 '학(學)' 자를 붙였는지 이해가 되지 않습니다. 그런가 하면 일본식 한자말로 음악(音樂)은 뒤에 즐거울 '락(樂)' 자를, 미술(美術)은 꾀 '술(術)' 자를 붙였습니다. 모두 다 예술을 말하고 있는데도 예술과는 거리가 있는 글자를 붙여 말을 만들었습니다. 그런데 평생 겨레말 사랑에 불사른 우리말 사랑 으뜸학자 김수업 선생은 살아계셨을 때 '문학'이 아닌 말꽃을 쓰자고 외쳤습니다.

김수업 선생은 말합니다. "'말꽃'은 입말, 글말, 전자말을 모두 싸잡은 '말의 예술'이라는 뜻을 잘 드러낸다. '말꽃'은 새로 태어나 아직은 낯설지만, 이미 '이야기꽃'이나 '웃음꽃' 같이 정다운 말들이 쓰이고 있어서 외롭지 않다. 그리고 '말꽃'은 말에서 피어난 아름다운 꽃 또는 말로써 피워 낸 아름다운 꽃이라는 뜻으로, '말의 예술'이라는 본디 뜻을 고스란히 담아내기에 안성맞춤인 낱말이다."라고 말입니다.

어떤 이는 굳이 '문학'이라고 굳어진 것을 왜 새삼 바꾸냐고 하는 사람도 있습니다만 일본에서 잘못 뒤쳐진(번역) 말은 원래 뜻에 맞는 더 좋은 우리말이 있다면 바꿔 쓰면 좋지 않을까요?

▲ 문학(文學)은 일본에서 만들어진 말, 학문이 아니기에 '말꽃'이라고 하는 게 좋다
(그림 이무성 작가)

17.
우리말 사랑한다면
추석이 아니라
한가위

우리 겨레의 명절 가운데 가장 큰 명절을 꼽는다면 한가위를
꼽을 수 있습니다. 이때만 되면 연례행사처럼 한가위냐
추석이냐를 애타게 외칩니다. 사실 우리 겨레는 신라 이후
오랫동안 한가위를 써왔지만 요즘 어찌 된 일인지 추석이란
말이 대세가 되어 참으로 안타깝습니다. 추석(秋夕)은
5세기 때 송나라 학자 배인의 《사기집해(史記集解)》에 나온
추석월(秋夕月)이란 말에서 유래합니다. 여기서 추석월의
뜻은 천자(天子)가 '가을 저녁에 달에게 제사를 드린다'라는
뜻이었으니 우리의 명절과 맞지 않는 말입니다. 더구나 중국
사람들조차 이 추석이란 말은 거의 쓰지 않는다는 점을
생각해야만 합니다.

한가위라는 말은 크다는 뜻의 '한'과 가운데라는 뜻의 '가위'
라는 말이 합쳐진 우리말로 8월 한가운데 있는 큰 날이라는
뜻이지요. 또 '가위'라는 말은 신라 때 길쌈놀이(베짜기)인
'가배'에서 유래한 것입니다. "신라 유리왕 9년에 나라 안

부녀자들을 두 편으로 갈라 음력 7월 열엿새 날부터 8월
보름까지 길쌈을 짜게 하였다. 그리곤 짠 베로 승부를 가름
하고, 진 편에서 술과 음식을 차리고 밤새도록 강강술래와
회소곡을 부르며, 춤을 추고 흥겹게 놀았다. 이것을 그때 말로
'가배→가위라고 하였다" 따라서 이 《삼국사기》의 기록으로
보아 한가위는 우리 겨레가 오랜 세월 써온 우리말임이
분명합니다.

또 조선 후기 한양의 세시풍속을 기록한 김매순(金邁淳)의
《열양세시기(洌陽歲時記)》에도 "더도 덜도 말고, 늘 가윗날만
같아라!"라고 기록되어 있습니다. 이처럼 햇곡식과 과일들이
풍성한 좋은 절기 한가위를 예전에는 '중추절'이란 말도 많이
썼는데 그밖에 가배절, 가위, 가윗날 등으로도 불렀습니다.
추석이란 말을 쓴다고 해도 유식해지는 것도 아닙니다. 그저
우리의 혼을 파는 것은 아닌지 되돌아보아야만 합니다. 제발
우리말을 사랑한다면 추석이 아니라 한가위를 써야만 할
것입니다.

▲ 우리는 추석이 아니라 한가위라고 부르자 (그림 이무성 작가)

18.
한글이름이
아니라
우리말이름이어야

국립한글박물관은 지난 2020년 제623돌 세종대왕탄신일
을 맞이하여 '순우리말 한글 이름 찾기' 행사를 열었습니다.
그뿐만 아니라 지난 2016년 문화체육관광부 주최 한글날
행사장에서도 "예쁜 한글 이름 써주기" 마당이 등장했습니다.
또 한글을 사랑한다는 사람들이 펴낸 책들도 책 이름에《한글
이름사전》,《한글 성명학》,《한글이름과 사주팔자》,《고운이름
한글이름》,《한글이름 샘이나는 한글이름》,《한글이름짓기
사전》,《뜻깊은 큰 소리 한글이름》 등 '한글이름'이란 말을
쓰고 있습니다.

그럼 '한글이름'이란 말을 써도 괜찮은 것일까요? 국어학
전문가들은 이에 대해 말과 글을 구분할 줄 모르는 잘못된
표현이라고 지적합니다. 여기서 '한글이름'이란 '글'을
얘기하는 것이 아니고 말을 가리킵니다. 예를 들면 한자말로
된 김대중 대통령을 한글로 '김대중'이라고 쓰거나, 미국
바이든 대통령의 이름을 한글로 '바이든'이라고 쓰고 이를

'한글이름'이라고 하면 안 될 것입니다. 다시 말하면 말 자체가 우리 겨레만 쓰는 토박이말이어야 한다는 것입니다.

따라서 '한글이름'이라고 쓰지 말고 '한말글이름' 또는 '우리말이름' 등으로 써야만 하는 것입니다. 그리고 이름을 우리말로 쓰는 것의 바탕에는 이름뿐이 아니라 할 수만 있다면 모든 표현에 우리말을 쓰려고 노력해야만 합니다.

배달말 으뜸학자 고 김수업 우리말대학원장운 생전 학문 글도 거의 토박이말로만 쓰셨고, 두 살 때 일본에 건너가 재일교포로 평생을 살면서 우리말글을 살려 시와 시조를 써온 김리박 선생은 시조도 한자말이나 외래말을 뺀 순수 토박이말로만 써서 몇 해 전 시조집 《울 핏줄은 진달래》를 펴내기도 했습니다. 한글날을 앞두고 우리의 말글살이를 반성해야만 할 것입니다.

▲외국인 한글 이름 지어주기(서울시 제공)

19.
모종비 내리는 봄,
예쁜 우리말
비 이름들

겨우내 목이 말랐던 꽃들에게 / 시원하게 물을 주는 고마운 봄비 / 봄비가 내려준 물을 마시고 / 쑥쑥 자라는 예쁜 꽃들 / 어쩜 키가 작은 나도 / 봄비를 맞으면 / 키가 쑥쑥 자라지 않을까? / 봄비야! 나에게도 사랑의 비를 내려서 / 엄마만큼, 아빠만큼 크게 해줄래?

– 홍가은 / 강릉 남강초교 3년 –

파릇파릇한 새싹을 키우는 봄비는 대지를 촉촉이 적시고 가은이의 꿈도 쑥쑥 자라게 합니다. 우리 토박이말 가운데는 비에 관한 예쁜 말이 참 많습니다. 봄에는 가랑비, 보슬비, 이슬비가 오고 모종철에 맞게 내리는 모종비, 모낼 무렵 한목에 오는 목비 따위가 있지요. 여름에 비가 내리면 일을 못하고 잠을 잔다는 잠비, 더위가 기승을 부릴 때 내리는 시원한 소나기, 비가 갠 뒤에 바람이 불고, 시원해지는 버거스렁이란 말도 비와 관련이 있지요. 그러나 여름의 폭우인 무더기비는 달갑지 않습니다.

가을에 비가 내리면 떡을 해 먹는다고 떡비가 있고 겨우 먼지나 날리지 않을 정도로 찔끔 내리는 먼지잼도 있습니다. 또한, 비가 오기 시작할 때 떨어지는 비꽃이란 말도 예쁘며, 볕이 난 날 잠깐 뿌리는 여우비, 한창 내리다 잠깐 그친 웃비 같은 고운 우리말이 있습니다. 그리고 세차게 내리는 비는 달구비, 무더기비(폭우, 집중호우), 자드락비, 채찍비, 날비, 발비, 억수 등과 같이 비와 관련된 토박이말들은 살려 써야 할 아름다운 우리말이지요.

▲ 모종철에 오면 모종비, 모내기철에 오면 목비, 여름에 오면 잠비
  (그림 이무성 작가)

20.
부락,
천민들이 사는 곳이란 뜻의
일본말

"천도교에서 실시한 제1세 교주의 추도식이 끝나고 오후
9시경 군내 여러 곳의 산상에서 횃불이 오르고 많은 부락에서
만세의 함성이 메아리 쳤다" 이는 몇해 전 3.1절 무렵 한
지방신문에 실린 기사 일부입니다. 여기에 보면 '부락'이란
말이 나옵니다. 부락(部落)을 《표준국어대사전》에서 찾아보면
"시골에서 여러 민가(民家)가 모여 이룬 마을. 또는 그 마을을
이룬 곳" 이라고 풀이해놓았습니다.

그러나 《사쿠라 훈민정음》(이윤옥 지음)에 보면 "부락은
부라쿠(部落)라는 일본말로 일본국어대사전 《다이지센
(大辞泉)》에는 비교적 소수의 민가가 모여 사는 지역이란
뜻도 있지만, 부락민이란 천시의 뜻도 있다. 일반적으로
비인간(非人間) 집단을 일컬으며 1922년에 대대적인 부락민
철폐운동이 있었다"라고 풀이하고 있지요.

그러면 어찌해서 좋지 않은 말인 부락을 쓰게 되었을까요?
이는 아마도 일제강점기 잡지 《시인부락(詩人部落)》의 영향일

것이란 생각이 듭니다. 《시인부락》은 1936년 11월 14일 창간 제1집을 낸 시 전문지인데, 《친일반민족행위진상규명보고서》에 '친일반민족행위자'로 규정된 서정주가 편집 겸 발행인이었습니다. 서정주는 '부락'이 무슨 말인지 알고 쓰지는 않았겠지만 결국 이들 지식인들이 '부락'이란 말을 동인지 이름으로 쓰는 바람에 좋은 말인 줄 알고 대중이 쉽게 따라 썼을 것이란 생각이 드는 것입니다.

고을이나 마을 같은 좋은 우리말을 내다 버리고 '천민집단, 상종 못 할 비인간 집단'을 뜻하는 '부락'이라는 말을 들여다 자기네 마을을 표시해놓은 곳이 아직도 여전한 것을 어찌해야 합니까? 문제는 그 말을 쓰는 사람들의 잘못이라기보다는 무분별하게 일본말을 들여다 쓴 지식인들과 이를 무심코 따라 쓴 언론 그리고 이를 분명히 알려주지 못하는 《표준국어대사전》에 그 책임이 있다고 해야 할 것입니다. 3.1만세운동과 관련된 기사에도 '부락'이 등장하는 등 아직 일제 잔재를 청산하지 못한 오늘이 참 안타깝습니다.

▲ '마을'이라고 쓴 빗돌과 '부락'이라고 쓴 빗돌

●
한국인이 알아야 할 한국문화 이야기

제 8 장

문화재

1.
신비스러운
세계 으뜸 종,
'성덕대왕신종'

▶ 국보 성덕대왕신종(聖德大王神鐘),
　(국립경주박물관 소장)

국립경주박물관에는 한국 종의 으뜸으로 꼽히는 국보 성덕
대왕신종(聖德大王神鐘)이 있습니다. 영화에서 쉽게 볼 수
있는 서양 교회당의 가벼운 종소리와는 달리 봉덕사종 또는
에밀레종이라고도 부르는 성덕대왕신종은 장중하면서도
맑은소리와 유난히 길면서도 신비스러운 소리를 들려주어
듣는 사람을 꼼짝 못 하게 하는 매력을 지니고 있습니다. 독일
고고학자 켄멜은 이 종을 일컬어 '한국 제일의 종이 아니라
세계 으뜸 종'이라고 평했습니다.

세계의 모든 종 가운데 오직 우리나라 종에만 있는 독창적인 것이 바로 종 상부에 있는 음관(音管)과 종구(鐘口) 바로 밑에 파인 명동(鳴洞)이라고 합니다. 음통(音筒) 또는 용통(甬筒)이라고도 하는 음관은 종의 음질(音質)과 음색(音色)을 좋게 하는 구실을 한다고 하지요. 또 명동 곧 울림통은 종을 때렸을 때 정상음이 끝난 뒤 센소리가 사라지고 긴 여운이 남도록 합니다. 그런데 성덕대왕신종은 어린아이 우는 소리와 비슷한 168Hz의 음파만이 남아 이 때문에 에밀레종이라는 별명이 붙게 되었을 것입니다.

교학사에서 펴낸 《전통 속에 살아 숨 쉬는 첨단 과학 이야기, 윤용현, 2012》를 보면 우리나라 종은 위에 음관을, 아래에는 명동을 만들어두어 종 몸통에서 나는 소리뿐만 아니라 하늘과 땅 그리고 사람에게 전파되어 나가는 방법까지 염두에 두고 과학적인 설계를 하였음을 알 수 있다고 합니다.

1,300년 된 이 성덕대왕신종을 모르는 사람은 없을 테지만 처음에는 봉덕사에 달았다고 해서 봉덕사종이라고도 했으며, 성덕대왕신종(聖德大王神鍾)이란 이름으로 국보 지정이 되었습니다. 우리나라에 남아있는 가장 큰 종으로 높이 3.66m, 입지름 2.27m, 두께 11~25㎝이며, 무게는 1997년 국립경주박물관에서 정밀 측정한 결과 18.9톤으로 확인 되었지요.

2.
밤하늘에 둥실 떠 있는
보름달 같은
달항아리

▲ 국보 달항아리 (국립고궁박물관 소장)

한국의 정서와 아름다움이 가장 돋보이는 예술품의 하나로
사람들은 '백자 달항아리'를 꼽습니다. 백자 달항아리 가운데
국보로 지정된 것은 용인대학교박물관과 삼성미술관 그리고
국립고궁박물관에 있습니다. 그런데 백자 달항아리들의
원래 문화재 이름은 '백자대호'였지요. 여기서 대호(大壺)란
'큰항아리'를 말하는 것으로 참으로 무미건조한 한자말입니다.

그러나 백자 달항아리를 사랑했던 대표적인 예술가인 화가
김환기 선생과 미술사학자 최순우 선생이 누가 먼저랄 것도

없이 '밤하늘에 둥실 떠 있는 보름달 같은 백자'라며, '달항아리'라고 부르기 시작하여 차츰 많은 사람이 이 정감 있고 서민다운 냄새가 물씬 풍기는 이름 '달항아리'에 공감하기 시작하였습니다. 그래서 결국, 문화재 이름은 '달항아리'로 바뀌게 됩니다.

소설가 알랭 드 보통은 그의 책 《영혼의 미술관》에서 조선의 백자 달항아리를 "표면에 작은 흠들을 남겨둔 채로 불완전한 유약을 머금어 변형된 색을 가득 품고, 이상적인 타원형에서 벗어난 윤곽을 지님으로써 겸손의 미덕을 강조한다. 가마 속으로 뜻하지 않게 불순물이 들어가 표면 전체에 얼룩이 무작위로 퍼졌다. 이 항아리가 겸손한 이유는 그런 것들을 전혀 개의치 않는 듯 보여서다"라고 말합니다. 또 김환기 화백은 "한 아름되는 백자 항아리를 보고 있으면 촉감이 동한다. 싸늘한 사기로되 따사로운 김이 오른다. 사람이 어떻게 흙에다가 체온을 넣었을까?"라고 말했지요.

3.
김정희와 이상적의
아름다운 인연,
세한도

추사 김정희의 대표작이라 할만한 세한도(歲寒圖)는 '추운 겨울 정경'을 그린 그림입니다. 날씨가 추우면 추울수록 사람들은 더욱 따스함을 그리워하게 마련이지요. 그리하여 조그만 온정에도 마음 깊이 감사하는 것은 인지상정이라 아니할 수 없습니다. 세한도는 추사 김정희(1786~1856)가 1844년 환갑을 바라보는 나이로 제주도에서 5년째 유배 생활을 하던 가운데, 그의 제자 이상적(1804~1865)이 자신을 대하는 한결같은 마음에 감격하여 그려 준 작품입니다.

세한도 한 폭을 엎드려 읽으매 눈물이 저절로 흘러내리는 것도 깨닫지 못하였습니다. 어찌 그다지도 제 분수에 넘치는 칭찬을 하셨으며, 그 감개 또한 그토록 절실하고 절실하셨 습니까? 또 제가 어떤 사람이기에 권세와 이익을 따르지 않고 도도히 흐르는 세파 속에서 초연히 빠져나올 수 있겠습 니까? 다만 작은 마음에 스스로 하지 않을 수 없었을 따름입 니다. 하물며 이러한 서책은, 비유컨대 몸을 깨끗이 지니는 선비와 같습니다. 결국, 어지러운 권세와는 걸맞지 않은 까닭에 저절로 맑고 시원한 곳을 찾아 돌아간 것뿐입니다.

이상적은 스승의 세한도를 받아보고 곧 위와 같은 감격에 겨운 답장을 올렸고 편지의 약속대로 이듬해 10월 동지사의 역관이 되어 북경에 갔습니다. 그리고 청나라의 문인 16명과 같이한 자리에서 세한도를 내보였지요. 그들은 세한도의 고고한 품격에 취하고, 김정희와 이상적 두 스승과 제자 사이 아름다운 인연에 깊이 감격하였습니다. 그리하여 두 사람을 기리는 시와 글을 다투어 썼지요. 이상적은 이것을 모아 10미터에 달하는 두루마리로 엮어, 유배지의 스승에게 보냈습니다. 유배 간 스승을 외면하지 않고 북경과 제주 사이를 오가며 스승을 받든 이상적의 아름다운 마음을 우리는 세한도에서 봅니다.

▲ 추사 김정희의 국보 〈세한도(歲寒圖)〉, (국립중앙박물관 소장)

4.
신비스러운
고려미술품의 대표작
수월관음도

고려시대 미술품의 대표작을 꼽으라면 단연 고려청자입니다. 하지만, 불교 그림인 수월관음도(水月觀音圖)도 그에 뒤지지 않습니다. 달이 비친 바다 가운데 금강보석(金剛寶石)에 앉아있는 관음보살을 그린 그림인데 고려시대 불화 가운데 가장 뛰어난 작품으로 꼽힙니다.

지난 2010년 국립중앙박물관에서는 고려불화 전시회가 열렸습니다. 국내, 일본, 프랑스, 미국, 러시아 등 모두 44군데에 있던 고려불화가 모두 한자리에 모인 것이었습니다. 그 가운데 특히 물방울 모양 광배를 배경으로 서 있는 모습을 한 일본 도쿄 센소지의 수월관음도는 압권이었습니다. 이 수월관음도는 작품 오른쪽에 "해동 승려 혜허가 그렸다"라는 글씨가 있어서 작가를 알 수 있는 불화로, 뛰어난 조형성과 균형 잡힌 몸의 비례, 정교하고 치밀한 붓놀림 등 어느 것 하나 흠잡을 데가 없는 작품이라는 평가를 받았지요.

그런가 하면 지난 2009년 경남 양산 통도사에서 열린 전시회
에는 일본 규슈 가라쓰시의 가가미신사(鏡神社)에 소장 중인
수월관음도가 전시되어 관심을 끌었습니다. 이 수월관음도
는 세로가 4.19m, 가로가 2.54m의 엄청난 크기인데 투명한
베일을 걸친 관음보살의 고귀한 자태가 어둠 속에서 마치 달
처럼 아름답게 빛나며 현신하는 것 같은 신비스러운 그림입
니다. 문제는 이런 수월관음도 대부분 일본에 있어 우리가
쉽게 볼 수 없다는 데 있습니다. 다만 국립중악박물관에 있는
보물 '의겸등필수월관음도(義謙等筆水月觀音圖)'는 우리 곁에
있습니다.

▲ 모진 인연으로 고국을 떠나 돌아오지 못하는 고려불화 수월관음도 (일본 도쿄
센소지 소장, 왼쪽), 보물 의겸등필수월관음도(義謙等筆水月觀音圖), (국립중앙박물관 소장)

311

5.
조선 초 천문학
세계적임을 증명,
천상열차분야지도

서울 종로구 국립고궁박물관에 가면 검정 대리석에 새긴
국보 '천상열차분야지도각석(天象列次分野之圖刻石)'이
있습니다. 이 각석의 크기는 높이 200.9㎝, 두께 11.8㎝, 너비
122.8㎝입니다. 조선 왕조를 수립한 태조 이성계는 왕조의
정통성과 권위의 표상으로 새로운 천문도 갖기를 염원했는데
이에 1395년(태조 4) 권근 등 12명의 천문학자는 천문도를
돌에 새겼고 이는 돌에 새긴 천문도 가운데 우리나라에서
가장 오래된 것입니다.

여기서 '천상열차분야지도'의 뜻은 '하늘의 모습을 담고,
그것을 형상화하여 차례대로 분야에 따라 그린 그림'이라는
뜻이지요. 천상(天象)은 하늘의 모습으로 별과 별자리를
말하고, 열차(列次)는 하늘을 적도에 따라 12차로 나누어
차례대로 배열한 것을 뜻하며, 분야(分野)는 북극성을
중심으로 하늘의 구역을 28수로 나누고 이를 땅에도 적용한
것을 말합니다.

이 '천상열차분야지도' 각석은 동아시아의 전통시대에 제작된
석각천문도를 대표하는 것으로 평가됩니다. 또 이 천문도는
중국 남송의 순우천문도(淳祐天文圖, 1241) 각석에 이어 세계
에서 두 번째로 오래된 석각천문도인데, 새겨진 별의 숫자
에서는 순우천문도의 1,434개를 넘어 1,467개의 별을 수록
하고 있습니다. 그리고 순우천문도와는 달리 실제 밝기에
따라 밝은 별은 크게, 희미한 별은 작게 그려져 있으며, 더욱
놀라운 사실은 북반구에서 눈으로 관찰할 수 있는 거의 모든
별자리가 이 천문도에 새겨져 있어 조선 초 천문학 수준이
세계적이었음을 말해줍니다.

▶ 국보 천상열차분야지도각석
(국립고궁박물관 소장)

6.
술병, 허리춤에 차세요,
백자철화끈무늬병

조선시대 때 주로 유행했던 백자 가운데 병(瓶)은 기본적으로 술병입니다. 그리고 술병 가운데 제사를 지내는 데 쓴 제주병(祭酒瓶)은 대부분 순백자였지만 잔치용 술병에는 갖가지 무늬를 그려 넣었습니다. 아무래도 그래야 술맛이 났던 모양입니다. 술병에 그리는 그림으로는 부귀를 상징하는 모란꽃과 십장생, 매화와 난초가 많았지요. 그림 대신 목숨 수(壽), 복 복(福), 술 주(酒)처럼 글자 한 자만 쓴 것들도 있습니다.

그런데 여기 기발하게도 병목에 질끈 동여맨 끈을 무늬로 그려 넣은 보물 '백자철화끈무늬병(白瓷鐵畵繩文瓶)'도 있지요. 이는 옛날 술병을 쓸 때 병목에 끈을 동여매 걸어놓곤 했던 것을 무늬로 표현한 것으로 여겨집니다. 이 병을 빚은 도공은 술을 마시다 남으면 술병을 허리춤에 차고 가라는 뜻으로 그림을 그려 넣었을지도 모릅니다. 그야말로 허를 찌르는 도공의 기가 막힌 상상력 그리고 익살과 여유가 살아있는 명작입니다.

하나의 선을 힘 있고, 대담하게 그어 여백의 미를 표현했을뿐
더러 인공적이면서도 가장 절제된 인공을 보여주는 멋진
예술품입니다. 한 대학교에서 시험문제로 낸 것에 한국미를
대표하는 도자기 한 점을 고르라는 것이 있었습니다.

그랬더니 인문대생은 달항아리를 골랐지만, 미대생은 대부분
백자철화끈무늬병을 골랐다고 합니다. 그만큼 이 '백자철화
끈무늬병'은 '달항아리'와 함께 조선백자를 대표하는 것
입니다. 이 병은 높이 31.4cm, 입지름 7cm, 밑지름 10.6cm
이며, 국립중앙박물관에 있습니다.

▲ 보물 백자철화끈무늬병 (국립중앙박물관 소장)

7.
호랑이가 입을 벌린
이동식 소변기
호자

호랑이는 한반도를 대표하는 영물이자 수호신입니다. 사람들은 백수(百獸)의 왕인 호랑이를 두려워함과 동시에 신성시하고 숭배하기도 했습니다. 그래서 호랑이 그림에 귀신을 물리치는 힘이 있다고 믿고 새해가 되면 대문과 집안 곳곳에 호랑이 그림 곧 문배도(門排圖)를 붙였지요. 또 호랑이와 까치가 함께 등장하는 호작도(虎鵲圖)는 민화의 단골 소재였고, 호랑이는 무(武)를 상징한다고 생각하여 조선시대 무관(武官)의 관복에는 호랑이를 흉배(胸背)로 붙였습니다.

그런데 국립부여박물관에는 호랑이 몸체를 닮은 그릇이 보입니다. 먼저 1979년 3월 부여 군수리에서 출토된 그릇은 동물이 앉아있는 모습으로 얼굴 부위에는 둥그렇게 구멍이 뚫려 있지요. 이 그릇은 호자(虎子)라고 하여 남성용 소변기라고 합니다. 중국 역사서를 보면 옛날에 기린왕이라는 산신이 호랑이의 입을 벌리게 하고, 거기에 오줌을 누었다고 전하며, 새끼 호랑이 모양을 하고 있다고 해서 호자라고 불렀다는 이야기가 있습니다. 이 호자는 현재 국립부여박물관에 소장되어 있는데 높이가 25.7cm, 주둥이의 지름은 6.6cm입니다.

그런가 하면 국립중앙박물관에는 개성에서 출토되었다고 전해지는 청자 호자가 있는데 그 형태를 볼 때 서진(西晉), 또는 동진 초기에 만들어진 것이 들어온 것으로 봅니다.
이 청자 호자를 통해서 백제 귀족들이 3세기 말 내지 4세기 초에 이미 이동식 변기를 사용하였음을 알 수 있습니다. 이런 호자는 남북국시대(통일신라) 이후에도 귀족과 승려 사이에서 계속 사용되었는데, 대신 모양은 더욱 간소화하여 호랑이의 모양은 거의 남아있지 않게 되었지요.

▲ 부여 군수리에서 출토된 이동식 소변기 호자 (국립부여박물관 소장)

8.
거대한 두루마리
이인문필 강산무진도

국립중앙박물관에는 전체 길이 8.5m에 이르는 보물 '이인문필 강산무진도(江山無盡圖)'가 있습니다. 강산무진도는 18세기 후반~19세기 초 궁중화원으로 이름을 떨친 이인문(李寅文, 1745~1821)이 그린 긴 두루마리 그림입니다. 이 그림은 끝없이 이어지는 대자연의 풍광을 묘사한 산수화지요. 하지만, 산수 그대로가 아닌 웅장한 자연과 그 속에서 살아가는 인간 세상을 묘사한 관념적인 산수를 그린 것으로, 넓은 들판에서 시작하다가 우뚝 솟아오른 절벽이 보이는 앞부분과 험준한 산세가 중첩되어 광활하게 그려진 중간부, 그리고 다시 잔잔한 들판으로 연결되는 구성을 보여줍니다.

무엇보다 이 그림의 매력은 준법(皴法) 곧 동양화에서 산악 · 암석 따위의 입체감을 표현하기 위하여 쓰는 모든 기법을 쓴 데 있습니다. 곧 산이나 바위를 그릴 때 도끼로 팬 나무의 표면처럼 나타내는 부벽준(斧劈皴), 쌀알 모양의 점을 여러 개 찍어서 그리는 미점준(米點皴)등 다양한 동양화의 준법이 총동원된 그림이라는 것이지요. 그렇게 변화무쌍하고 화려한 준법의 구사를 통한 산세의 묘사, 그리고 아주 작고 세밀하게 그려진 인물들의 꼼꼼한 표현이 어우러져 눈길을 옮길 때마다 숨을 쉴 수 없게 할 만큼 극적인 장관을 보여줍니다.

또 강산무진도는 한국회화사에서 보기 드물게 그 크기가 세로가 43.8cm, 가로가 856cm에 달하는 대작 산수화로서 이인문의 높은 기량이 유감없이 발휘된 기념비적인 작품이자 파노라마처럼 이어지는 광활한 산수 표현과 정교하고 뛰어난 세부 묘사가 일관된 조화를 이루고 있어 조선시대를 대표하는 작품이라고 해도 손색이 없다는 평가입니다. 한편 특이하게도 이 그림은 추사 김정희(金正喜)가 소장하고 있었음을 알려주는 도장이 찍혀 있습니다.

▲ 보물 이인문필 강산무진도(중반부), (국립중앙박물관 소장)

9.
중국에도 없던
자명종물시계,
장영실이 만들어

건국 초기에는 사방으로 통하는 거리에 종루(鍾樓)를 두고
의금부의 물시계를 맡은 사람이 시각을 맞추어 밤과 새벽으로
종을 쳐서, 만백성이 밤에 자고 새벽에 일어나는 때를 조절
하게 하였습니다. 그러나 그 물시계가 맞지 않거나, 또 맡은
사람의 착오로 공사간(公私間)이 출입할 때에 이르고 늦은
실수가 매우 잦으므로 심히 불편하오니, 바라건대, 궁중의
자격루(自擊漏) 소리를 듣고, 이것을 전하여 종을 쳐서
의금부까지 이르게 하소서

이는 《세종실록》 세종 19년(1437) 6월 28일 기록입니다.
물시계는 모든 백성의 시간이었지만 물시계를 맡은 군사가
격무에 시달려 깜박 졸기라도 하면 파루 치는 시간을 놓치게
되고 그러면 온 나라의 시간이 달라지곤 했습니다. 그래서
자명종물시계를 만들면 군사가 꼬박 시계만 들여다보는
수고로움을 덜 수 있음은 물론 잘못하여 벌을 받는 일이
없을 것으로 생각한 세종은 장영실에게 자명종물시계 곧

'자격루'를 만들게 했습니다.

자격루는 대파수호에서 중파수호로 중파수호에서 소파수호
로 물을 흘려보내 시간을 가늠케 합니다. 그런 다음 24시간
동안 두 시간에 한 번 종을 치게 하고, 해가 진 다음부터 해가
뜰 때까지는 20분마다 북과 징도 치게 했습니다. 동시에
시간마다 子(자), 丑(축), 寅(인), 卯(묘) 따위 12지신 글씨
팻말을 쥔 인형들이 나와 시간을 알려주기도 하지요. 이렇게
세종의 백성사랑이 만든 자격루는 당시 중국도 만들지 못한
것으로 우리나라 과학이 뛰어났음도 보여줍니다. 하지만 세종
때 만든 자격루는 전해지지 않았는데 국립고궁박물관은 1년
동안 천문과학자와 국가무형문화재 기능장 등 30여 명이
각고의 노력 끝에 지난 2007년 자격루를 복원해 내었습니다.

▲ 국립고궁박물관에서 2007년 복원한 자명종물시계 자격루

10.
나와서는 안 될 유물,
국보 '천마도'

세계적인 대발굴이었다. '신라의 예술혼이 천년의 긴 세월
동안 암흑 속에서 살아있었구나' 하는 그 기쁨도 잠시, 환희의
절정에 달한 순간 아차! 나와서는 안 될 유물이 나왔구나!
하는 생각에 눈앞이 캄캄해지고 아찔한 현기증을 느꼈다.
온몸에서 힘이 쭉 빠져나가는 듯했다. 그 자리에 털썩 주저
앉을 것만 같았다.

이 이야기는 김정기 천마총 발굴단장의 말로 2016년 11월
3일 치 〈시사IN〉에 실린 기사 일부입니다. 1973년 천마총 발굴
에서는 국보 '천마총 금관(天馬塚金冠)'이 출토되어 세간의
관심이 온통 쏠린 상태였습니다. 심지어 당시 박정희 대통령
이 보고 싶다고 하여 출토된 다음날 청와대로 옮겼을 정도
입니다. 그러나 김정기 단장의 말처럼 당시 발굴단을 비롯
하여 학자들의 관심은 금관보다 말다래에 그려진 "천마도
(天馬圖)"에 있었습니다. 천마도는, 하늘로 화려하게 날아
오르는 백마처럼 보이는 말 그림입니다. 말다래는 말의 발굽
에서 튀는 흙을 막기 위해 안장 밑으로 늘어뜨리는 판이지요.

신라의 예술혼이 즈믄해(천년)의 긴 세월 동안 암흑 속에서 살아있었던 세계적 유물 천마도. 김정기 단장은 유기물로 된 유물이 햇빛에 노출돼 미세한 가루로 변하여 감쪽같이 형태를 찾아볼 수 없었던 일을 경험했기에 또 그런 일을 당할까 봐 눈앞이 캄캄해졌다고 하지요. 심하게 썩은 상태였던 말다래. 발굴단은 겹친 말다래 사이로 여러 개의 대칼을 조심스럽게 꽂아 넣고 그 밑으로 켄트지를 끼워 넣습니다. 그렇게 해서 천마도 말다래를 무사히 걷어낸 다음 소독된 화선지로 쌓아 상자에 집어넣음으로써 숨죽였던 천마도 발굴은 끝이 났습니다. 지금, 이 천마도가 그려진 말다래는 국립경주박물관에 소장되어 있습니다.

▲ 천마총에서 발굴된 천마도가 그려진 국보 말다래(왼쪽),
복원된 말다래 (국립경주박물관 소장)

11.
궁궐 정전 앞의 드므,
무엇 하는 물건인고?

경복궁 근정전 월대 모서리와 창덕궁 인정전, 창경궁 명전전,
덕수궁 중화전, 경희궁 숭정전 등 각 궁궐의 정전(正殿) 앞에
가면 조금씩 모양은 다르지만 대체로 청동빛깔을 띤 넓적한
독이 놓여있습니다. 그 이름은 '드므'입니다. 이를 어떤 이들은
향로나 쓰레기통으로 잘못 알기도 합니다만 사실은 화재를
막기 위한 벽사(辟邪) 시설입니다. 궁궐은 나무로 지은 건축물
이어서 화재에는 치명적이기 때문에 이를 예방하기 위해 놓은
것이 드므지요.

옛날엔 불을 관장하고 화재를 일으키는 재앙 화마(火魔)가
있었습니다. 그런데 이 화마는 아주 험상궂게 생겼는데, 정작
자기의 얼굴을 본 적이 없었다고 합니다. 이 화마가 어느 날
한 집에 불을 내려고 내려왔다가 드므의 물에 비친 자기 얼굴
을 보고 너무나 험상궂게 생긴 것에 기겁하여 도망쳤다는
이야기가 전해집니다. 그래서 나무로 된 중요한 건축물들에는
이 드므를 설치하게 된 것이지요.

물론 이 드므에는 원래 물이 담겨 있었는데 화재 초기에 작은 불을 끄는 쓰임새도 있었을 것으로 보입니다. 그런 쓰임새에 따라 겨울에는 물이 얼지 않도록 저어주었고, 드므 밑에 불을 지펴 얼지 않도록 했다고도 전합니다. 드므는 '넓적하게 생긴 큰 독'이라는 뜻의 토박이말인데 한자말로는 두무(豆撫), 길상항(吉祥缸)이라고도 불렀다고 하고, 중국에선 문해(門海)라고 불렀습니다.

▲ 창덕궁 인정전 앞의 화재를 예방하기 위한 시설 '드므'

12.
은입사 기법으로
물가의 풍경을 그린
정병

▶ 국보 '청동은입사포류수금무늬정병'
(국립중앙박물관 소장)

국립중앙박물관 소장 국보 가운데는 '청동은입사포류수금무늬정병'이 있습니다. 정병(淨瓶)이란 원래 인도에서 승려가 여행할 때 밥그릇이나 옷과 함께 메고 다니던 물병에서 유래한 것입니다. 그러나 차츰 이 물병이 부처님 앞에 깨끗한 물을 바치는 공양구(供養具)로써 그 쓰임의 폭을 넓혀갔습니다. 또 병에 들어있는 감로수(甘露水)를 통해 모든 중생들의 목마름과 고통을 덜어준다고 하는 관세음보살(觀世音菩薩)의 정병은 바로 이러한 자비의 상징물이기도 했지요.

정병의 재료는 주로 청동과 도자기인데 특히 불교를 숭상한 고려시대에는 향로와 함께 중요한 불교 공양구의 하나로 많은 정병이 만들어졌습니다. 고려시대 정병은 달걀형의 몸체와 매끈하게 빠진 긴 목 위로 뚜껑 형태의 둥근 테가 있고, 그 위로 다시 대롱처럼 길게 솟아 있으며 몸체의 한쪽에는 중간을 잘록하게 좁힌 비녀 모양의 부리(귀때)가 돌출되어 있습니다. 여기서 긴 대롱 꼭대기로는 물을 넣는 주입구(注入口)며 부리로 물을 따르게 되어있지요.

고려시대 정병을 보면 몸에 무늬를 새기고, 여기에 얇게 꼰 은실을 박아 넣는 은입사(銀入絲) 기법으로 한가로운 물가의 풍경이나 구름과 용·학·고사리무늬 따위로 아름답게 꾸민 것들이 많습니다. 특히 국립중앙박물관 소장의 '청동은입사 포류수금무늬정병'은 고려 정병 가운데 그 모습이나 무늬가 가장 뛰어난 것은 물론 물가 풍경을 묘사한 은입사 무늬가 전면에 덮인 푸른 녹과 어우러져 아름답기 그지없습니다.

13.
논개 초상,
진주박물관에
두 점 있다

조선 중기의 문신 유몽인(柳夢寅, 1559~1623)이 임진왜란 뒤 민간에 설화와 야담을 모아 펴낸 《어우야담(於于野譚)》이란 책이 있습니다. 이 책에서 논개(論介, ?~1593)는 진주의 관기로 제2차 진주성 전투 때 일본 장수를 끌어안고 남강에 몸을 던져 순국한 것으로 소개되었습니다. 이러한 논개의 초상은 국립진주박물관 두 점이 있는데 김은호가 그린 것과 윤여환이 그린 것이 그것입니다.

그 가운데 김은호의 논개 초상은 1955년에 그린 그림으로 우리에게 많이 알려진 것이지요. 하지만, 김은호는 일본 유학을 다녀온 뒤 일본 미인도의 영향을 받은 작품들을 여럿 그렸는데 특히 1939년에 그린 춘향상은 걸작이라는 평을 받았지만, 논개 초상은 춘향상과 비슷한 모습이라고 합니다. 문제는 김은호가 친일 여성단체인 애국금차회가 일본군사령부에 금비녀와 패물, 현금 등을 헌납하는 사건을 기념하는 금차봉납도를 그리는 등 친일행적으로 《친일인명사전》에

수록되었다는 점입니다.

또 이 초상의 문제점이 하나 더 있는데 16세기의 인물인 논개의 저고리 기장을 짧게 그린 것입니다. 한복은 16세기만 해도 기장이 길었으며, 대한제국기인 1900년대가 되어서야 기장이 12cm 정도로 짧아진 것입니다. 그래서 문제가 되자 16세기 양반 여성의 모습 곧 기장이 긴 저고리와 머리 형태를 고증하여 윤여환이 논개 초상을 새로 그렸고, 이 그림이 2007년 표준 영정으로 지정받았습니다.

▲ 윤여환의 논개 표준영정(왼쪽), 김은호의 논개 초상 (국립진주박물관 소장)

14.
통통하고 너그럽고
천진난만한
백제인의 얼굴

2002년 발굴한 부여 관북리 연못 유적 출토품에 대해 신문엔 '백제인의 얼굴'이라는 기사가 올랐습니다. 서기 7세기, 토기 바닥에 사람 얼굴을 먹으로 그린 것입니다. 백제인의 얼굴은 그동안 토기 조각에 선으로 새긴 것들이 발굴된 적이 있지만, 붓으로 그린 것은 이것이 처음입니다. 길이 6.2cm 너비 5.8cm로 얼굴 전체를 둥그렇게 표현했으며 눈썹, 코 따위를 대담한 필치로 그린 게 특징이지요.

그런가 하면 그 이전 1995년에 부여 능산리 절터 금당지에서 발굴된 백제인 얼굴도 있습니다. 기와 조각에 가로 4㎝, 세로 17㎝ 크기로 통통한 얼굴에 너그럽고 천진난만한 모습이 간략한 선으로 남아있는 것입니다. 그림에 그려진 관 장식이 2개가 있는 관모는 당시 임금만 썼던 것으로, 기와공이 능산리 절터에 행차한 임금을 보고 표현한 것인데, 6세기 중·후반 제작된 것이라고 합니다.

지난 2012년 국립부여박물관에서는 특별전 '백제인의 얼굴, 백제를 만나다'가 열렸습니다. 이 전시는 서산마애삼존불 등 다양한 유물에 보이는 백제인의 얼굴을 살펴보는 것이었는데 풍족하고 넉넉한 표정에서 백제 사람들이 얼마나 평화롭게 살았는지 알 수 있었지요. 우리는 타임머신을 타고 가보지 않는 이상 옛사람들의 얼굴을 이런 유물에서 상상해 볼 수 있는 것입니다. 국립경주박물관에는 '신라인의 미소'라 불리는 얼굴무늬수막새, 제주민속박물관에 전시된 '탐라인의 미소'라 불리는 수막새 같은 것들도 그렇게 상상해 볼 수 있는 유물들입니다.

▲ 관북리 출토, 사람얼굴 무늬 토기(국립부여박물관 소장) – 왼쪽
능산리 절터 출토, 사람새김 기와조각(국립부여박물관 소장)

▲ 제주 탐라인의 미소 (제주민속박물관 소장, 왼쪽),
신라인의 미소 (얼굴무늬수막새, 국립경주박물관 소장)

15.
스스로 애꾸가 된
천재화가 최북

▶ 이한철 작 최북 초상화, 종이에 먹,
66×41cm (개인 소장)

해바라기의 화가로 불리는 빈센트 반 고흐는 우리나라에서
가장 인기 있는 서양화가 가운데 한 사람입니다. 그런데
반고흐 자화상을 보면 귀 한쪽이 없는 모습입니다. 그는
1888년 크리스마스이브에 신경과민으로 발작을 일으켜
귀의 일부를 잘랐다고 하지요. 그림을 잘 모르는 이들도 그런
고흐를 알고 있지만 우리나라에는 송곳으로 자기의 눈을 찔러
애꾸가 된 화원 최북이 있음을 아는 이는 많지 않습니다.

최북(崔北, 1712~86)은 높은 벼슬아치가 와서 그림을 그리라고 윽박지르자 "차라리 나 자신을 자해할지언정 남에게 구속받아 그림을 그리지 않겠다."라며 송곳으로 자기 눈을 찔러 애꾸가 되었습니다. 고흐와는 달리 최북은 본인의 확고한 의지를 가진 행위를 한 것이지요. 그렇게 꼿꼿한 정신으로 그림을 그렸던 그는 그림이 자기 마음에 들지 않는데도 그림값을 너무 많이 주면, 돈을 내던지며 비웃던 작가였습니다.

그의 그림 〈풍설야귀인(風雪夜歸人)〉을 보면 거센 바람이 몰아치는 겨울밤 지팡이를 든 나그네가 거센 눈보라를 온몸으로 맞으며 걸어가고 있습니다. 뛰어난 예술가들은 자신이 살았을 때에 대접받지 못한다는데 그림 속의 나그네는 어쩌면 최북 자신일지 모릅니다. 이 그림은 지두화(指頭畵) 곧 붓 대신 손가락으로 그린 특이한 그림으로 어쩌면 자신의 처절한 신세를 온몸으로 표현한 것인지 모릅니다.

16.
용이
몸을 휘감아 도는 무늬의
팔각연적

연적(硯滴)은 벼루에 먹을 갈 때 쓸 물을 담아두는 그릇인데 불교의 나라 고려시대에는 주로 청자로 만들었고 성리학의 나라 조선시대에는 백자로 만들었습니다. 연적의 형태는 참 다양한데 여기 국립중앙박물관 보물 '백자 청화소상팔경문 팔각연적(白磁青畵瀟湘八景文 八角硯滴)'은 옆면이 여덟 면으로 이루어진 크기가 비교적 큰 백자연적입니다.

천판인 윗면에는 용무늬와 구름무늬를 오목새김(음각)과 돋을새김(양각)으로 조각하였는데, 뭉실뭉실 피어나는 구름 사이로 문득문득 용의 몸이 휘감아 돌고 있는 모습을 매우 생동감 있게 표현하였지요. 윗면 무늬는 효과를 극대화하기 위하여 오목새김과 돋을새김으로 조각 함으로써 나르는 용의 모습과 중첩된 구름무늬들에 전율되어 신비감을 더해주고 있습니다.

이 백자연적은 여덟 면 가운데 물이 나오는 부분이 있는 면에는 그림이 아닌 시로써 아름다운 경치를 묘사하고 그 양옆에 각각 한 구절씩 시구를 적어 놓았습니다. 다양한 표현기법과 함께 코발트와 청화물감을 써서 무늬를 표현 했는데 회화적인 기량이 돋보이는 도자기입니다. 특히 윗면 무늬의 생동감 있는 표현은 그 자체만으로 하나의 훌륭한 작품일뿐더러 19세기의 연적 양식을 잘 드러내는 귀중한 자료라는 평가입니다.

▲ 보물 '백자 청화소상팔경문 팔각연적' 윗면(왼쪽)과 옆면 (국립중앙박물관 소장)

17.
두 마리의 물고기가
생동감 넘치는
편병

국립중앙박물관에는 국보 '분청사기 조화 물고기 무늬 편병 (扁甁)'이 있습니다. 편병이란 몸체의 양쪽 면이 편평하고 납작하며, 위쪽에 주둥이가 달린 휴대용으로도 쓰인 술병을 말합니다. 남북국시대(통일신라) 토기에도 그 예가 있었지만, 특히 조선시대에 널리 쓰였지요. 분청사기에 많이 남아 있지만, 백자나 청화백자(靑華白磁)에도 있어 조선시대의 소박하고 자연스러운 분위기를 잘 반영하고 있습니다.

그런데 여기 분청사기 조화 물고기무늬 편병은 조선시대 전기에(15~16세기 무렵) 만들어진 편병으로 크기는 높이 22.6㎝, 입지름 4.5㎝, 밑지름 8.7㎝입니다. 백토를 두껍게 입히고 조화기법으로 무늬를 그린 위에 연한 청색의 투명한 유약을 칠하였습니다. 앞·뒷면과 옆면에 서로 다른 무늬와 위로 향한 두 마리의 물고기를 생동감이 넘치는 선으로 그려냈지요.

물고기 무늬는 분청사기 조화수법의 특징을 충분히 표현하고 있는데 조화수법이란 백토로 바른 그릇에 선으로 오목새김의 무늬를 새겨넣고 백토를 긁어내어 하얀 선으로 된 무늬를 표현하는 기법입니다. 양 옆면은 세 부분으로 나누어 위와 중간에 4엽 모란무늬를 새기고, 배경을 긁어냈으며 아랫부분에는 파초를 그려 넣었지요. 편병에 이렇게 물고기를 새겨넣은 것은 물고기가 알을 많이 낳으므로 다산을 상징하거나 뜬 눈으로 잠을 자는 습성을 생각해 과거급제를 위한 비손하는 마음을 담은 것입니다.

▲ 국보 분청사기 조화 물고기 무늬 편병 (국립중앙박물관 소장)

18.
무령왕릉을
지키라고 세워둔
석수

유네스코 세계유산에 오른 조선왕릉에 가보면 석호·석양 등 석수(石獸)들을 볼 수 있습니다. 석수(石獸)란 좁게는 궁전이나 무덤 앞에 세워두거나 무덤 안에 놓아두는 돌로 된 동물상을 말합니다. 그런데 여기 국립공주박물관에 가면 이상한 동물 모양의 국보 '무령왕릉 석수'가 있습니다. 이 석수는 공주시 무령왕릉에서 발견된 것으로 백제 때 만들어졌지요.

크기는 높이 30.8㎝, 길이 49㎝, 너비 22㎝로 무령왕릉 통로 가운데에서 밖을 향하여 놓여 있었습니다. 입은 뭉뚝하며 입술에 붉게 칠한 흔적이 있고, 콧구멍 없는 큰 코에 눈과 귀가 있으며, 머리 위에는 나뭇가지 형태의 철제 뿔이 붙어 있지요. 몸통 좌우, 앞·뒷다리에는 불꽃무늬가 조각되어 있는데 이는 날개를 나타낸 것으로 보입니다. 또 꼬리가 조각되어 있으며 배설 구멍이 달려 있을 정도로 사실적인 표현을 하고 있습니다.

삼국의 고분 가운데 무령왕릉에서 처음 모습을 드러낸 이 석수는 기존의 백제에서 유례가 없었던 것으로 본래는 중국의 껴묻거리(부장) 풍습에서 온 것이라고 합니다. 그러나 무령왕릉의 석수가 본래 중국의 껴묻거리 풍습에서 들어온 것이라고 해도 그 생김새는 기존의 중국의 것들과는 다른데 그것은 바로 무령왕릉의 석수에는 백제인 고유의 사상과 미의식이 바탕이 되었기 때문일 것입니다.

▲ 국보 무령왕릉 석수 (국립공주박물관 소장)

19.
개구쟁이처럼
혀를 내밀고 있는
경복궁 천록

광화문을 지나 경복궁 근정전으로 들어가는 흥례문을 들어서면 작은 개울 곧 금천(禁川)이 나옵니다. 그러면 작은 다리 영제교(永濟橋)를 건너야 하는데 이 영제교 좌우로 얼핏 보면 호랑이 같기도 하고 해태 같기도 한 동물 석상이 양옆으로 두 마리씩 마주 보면서 엎드려 있습니다. 이덕무(李德懋, 1741~1793)의 《청장관전서(靑莊館全書)》에 "비늘과 갈기가 꿈틀거리는 듯이 완연하게 잘 조각되어 있다"라고 묘사된 이 석수는 무엇일까요?

매섭게 바닥을 노려보고 있는 듯하지만, 얼굴에는 장난기가 가득한 이 짐승들은 혹시라도 물길을 타고 들어올지 모르는 사악한 것들을 물리쳐 궁궐과 임금을 지키는 임무를 다하고 있습니다. 용머리, 말의 몸, 기린 다리, 사자를 닮은 회백색의 털을 가진 이 동물을 유본예의 《한경지략》에 실린 "경복궁 유관기"에는 천록(天祿)이라고 말하고 있지요.

그런데 천록은 물론 해태 그리고 근정전 지붕 위의 잡상 따위는 원래 중국에서 들어온 것이지만, 중국 황실의 거대하고 위압적인 석상들과 달리 우리나라의 석상들은 해학적이고 친근한 얼굴을 하고 있습니다. 특히 이 영제교 북서쪽에 있는 천록은 개구쟁이처럼 혀를 쭉 내밀고 있는 모양으로 조각되어 있어 웃음이 납니다. 엄숙한 궁궐에 이 귀여운 천록을 보초로 세울 수 있었던 우리 겨레의 삶 속에는 해학이 살아 있었던 것이지요.

▲ 영제교 양쪽에서 궁궐을 지키는 상상의 동물 천록상

20.
부처님 법당에
웬 벌거벗은
여인상

강화도에는 마니산 줄기가 서쪽으로 쭉 뻗어 내리다 세 발
달린 가마솥을 뒤집어놓은 모습을 닮아 봉우리를 이룬 정족산
(鼎足山)이 있습니다. 그 정족산에는 단군(檀君)이 세 아들을
시켜 쌓았다는 산성 삼랑성(三郞城)이 있고 삼랑성 내(內)에
정남향을 향해 자태를 뽐내고 있는 천년고찰, 바로 전등사
(傳燈寺)가 있습니다. 지금의 행정구역상 인천광역시 강화군
길상면에 자리 잡은 전등사는 381년 고구려 소수림왕 때
아도화상(阿道和尙)이 창건했다고 전해지고 있습니다.

그런데 이 전등사에는 다른 절과는 다른 독특한 조각상이
있습니다. 바로 대웅보전 지붕을 떠받치는 나부상(裸婦像) 곧
벌거벗은 여인의 모습을 표현한 조각이 있지요. 부처님 법당
에 웬 벌거벗은 여자가 있을까요? 전등사는 1,600년 이상의
역사만큼이나 여러 차례 불이 났었고 이 때문에 대웅보전도
여러 번 중건되었습니다. 그런데 이 나부상은 17세기 말에
만들어졌다고 짐작합니다.

이 나부상에 관한 재미있는 설화가 있지요. 대웅보전 건축을
지휘하고 있었던 도편수가 절 아랫마을 한 주막의 주모와
눈이 맞아 사랑을 나눴습니다. 그리고 도편수는 돈이 생길
때마다 주모에게 모조리 건네주었지요. 하지만, 공사 막바지
에 이른 어느 날 주모는 자취를 감추고 말았습니다. 그래서
도편수는 화가 난 나머지 대웅전의 처마 네 군데에 벌거벗은
여인이 지붕을 떠받치는 조각을 만들었다지요. 도편수는 배신
당한 사랑의 앙갚음을 위해 여인이 무거운 추녀를 세세토록
떠받들고 있도록 저주를 내렸다는 전설이 전해지고 있습니다.

▲ 전등사 대웅보전 지붕을 떠받치는 '벌거벗은 여인상'

21.
조선시대
여성의 독서를
증명한 그림

여기 단정한 차림새의 여인이 앉아 책을 읽습니다. 얼마나
열심히 읽는지 손가락으로 글자를 한 자 한 자 짚어가며
읽는데 책 읽기에 완전히 몰입한 듯 진지합니다. 그러나
여성은 한 치도 흐트러짐 없이 기품있는 모습을 보이고
있습니다. 그야말로 '독서삼매경'이라고 해도 좋을 듯합니다.
사람들은 흔히 조선시대 여성들은 살림하기에 바쁘다거나,
여성들이 무엇 하러 책을 읽느냐는 생각에 책과 가까이하지
않았을 거라 짐작하지만 이 여인을 보면 분명히 책을 읽는
여인이 있었습니다.

전해지는 그림에 남성이 독서하는 것은 많지만 여성이
독서하는 그림은 거의 남아있지 않지요. 그런데 화원은
이렇게 여성이 독서하는 그림을 남겨주어 조선시대 여인들도
책을 읽었음을 증명하고 있습니다. 하기야 구운몽을 쓴 서포
김만중의 어머니 윤 씨는 《시경언해(詩經諺解)》를 비롯하여
홍문관의 많은 책을 아전에게 부탁하여 빌린 뒤에 손수

베껴서 두 아들에게 주었을 정도였다고 하니 얼마나 치열하게
책을 읽었을까요? 심지어 윤 씨는 《소학(小學)》, 《사략(史略)》,
《당률(唐律)》을 손수 아들들에게 가르쳤다고 합니다.

이 그림은 조선시대 천재화가로 일컬어지는 공재 윤두서
(尹斗緖)의 아들 윤덕희(尹德熙, 1685~1776)의 그림입니다.
실제 천재화가 윤두서뿐만이 아니라 아들 윤덕희와 손자
윤용(尹愹)까지 모두 그림 솜씨가 뛰어났다고 합니다. 심지어
윤두서의 증조할아버지 고산(孤山) 윤선도(尹善道)는 시조에
뛰어나 정철의 가사와 더불어 조선시가에서 쌍벽을 이룬다는
평가를 받고 있으니, 그 집안은 예능에 참으로 뛰어난 가풍이
있었나 봅니다.

▲ 윤덕희, 독서하는 여인, 비단에 색, 20×14.3cm (서울대학교박물관 소장)

22.
거북이 토우가
앙증맞게 붙어있는
그릇받침

지난 2020년 문화재청은 약 1,500년 전 부산 복천동 고분에서 파손되지 않고 완벽한 한 짝으로 출토된 거북장식 가야도기 1건을 보물로 지정하였다고 밝혔습니다. 이 가야도기는 바로 보물 '부산 복천동 11호분 출토 도기 거북장식 원통형 그릇받침과 목짧은항아리'로 복천동 11호분의 석실 서남쪽에서 출토되어 출토지가 명확한 5세기 유물입니다.

원통형 그릇받침은 특히 거북이 토우 한 마리가 앙증맞게 붙어있어서 눈에 띄지요. 이처럼 삼국시대 토우(土偶) 가운데 거북이 토우가 붙어있는 것은 이 도기가 유일한 것으로 알려졌습니다. 이 유물이 발굴된 부산 복천동 11호분은 1980~1981년까지 부산대학교 박물관에서 발굴한 석실분으로, 5세기 무렵 부산에 있었던 가야 세력의 수장급 인물 무덤인데 가야 고분 가운데서는 보기 드물게 도굴되지 않은 상태로 발굴되었지요.

특히 이 그릇받침과 항아리는 규모가 크고 형태가 조화롭고 안정적인 점, 잿물이 자연스럽게 발라지고, 견고하게 제작된 점, 11단으로 나누어 단계별로 다양한 종류의 구멍을 뚫고 물결과 지그재그 등 무늬를 새겨 조형성이 우수한 점 등 여러 면에서 가야도기의 특징과 삼국시대 토기가 도기로 넘어가는 기술적 성과를 엿볼 수 있다고 합니다.

▲ 부산 복천동 11호분 출토 도기 거북장식 원통형 그릇받침과 목짧은항아리(왼쪽)와
항아리에 붙은 거북 토우 (국립김해박물관 소장)

23.
해녀들이
가슴속 한을
꺼내 말리던 불턱

"물질하던 옷 벗어 말리며 / 가슴 속 저 밑바닥 속 / 한 줌
한도 꺼내 말린다 / 비바람 치는 날 / 바닷속 헤매며
떠올리던 꿈 / 누구에게 주려 했는가 / 오늘도 불턱에 지핀
장작불에 / 무명옷 말리며 / 바람 잦길 비는 해녀 순이"

– 김승기 '불턱'–

한 제주 해녀는 '불턱'에 대해서 "여기서 불 초멍 속말도 허구,
세상 돌아가는 말도 듣고 했쥬"라고 말합니다. 불턱은 해녀
들이 물질하기 위해서 옷을 갈아입거나 무자맥질해서 작업
하다가 언 몸을 녹이기 위하여 불을 피우려고 바닷가에 돌을
둥그렇거나 네모나게 쌓아 만든 공간을 말합니다. 이곳 불턱
에서 해녀들은 불을 쬐면서 속에 있는 말들도 하고, 세상
돌아가는 말들도 얻어듣곤 했습니다. 보통은 제주에 많은
돌로 담을 쌓아 밖에서 보이지 않도록 한 것으로 쉽게 말하면
바닷가에 설치한 해녀들의 탈의장이었지요.

예전 해녀들은 물소중이 또는 잠수옷·잠녀옷·물옷 따위로 불렸던 옷을 입고 바닷속에서 일했습니다. 하지만, 입고 벗기가 편하게 만들었던 이 물소중이는 자주 물 밖으로 나와 불을 쬐어 체온을 높여야 했지요. 그런 까닭으로 제주에는 바닷가 마을마다 여러 개의 불턱이 있었습니다. 그러나 요즘은 물소중이 대신 고무잠수옷을 입고 따뜻한 물이 나오는 탈의장이 생겨서 불턱은 이제 해녀들이 찾지 않는 옛 시대의 유적으로만 존재합니다.

▲ 제주 해녀들이 옷을 갈아입거나 불을 쬐면서 쉬던 불턱

24.
국보
개성 남계원터 칠층석탑

서울 중앙박물관 바깥 석조물정원에는 국보 '개성 남계원터 칠층석탑'이 있습니다. 이 탑은 경기도 개성 부근의 남계원 (南溪院)터에 남아있었던 것으로, 예전에는 이 터가 개국사 (開國寺)의 옛터로 알려져 개국사탑으로 불려 왔으나, 나중에 남계원터 임이 밝혀져 탑의 이름도 개성 남계원 칠층석탑으로 바로 잡았지요. 1915년에 탑의 기단부(基壇部)를 뺀 탑신부 (塔身部)만 경복궁으로 이전하였는데 이후 원래의 자리를 조사한 결과 2층으로 구성된 기단이 출토되어 다시 복원해 현재 국립중앙박물관에 옮겨 세웠습니다.

탑은 2단의 기단에 7층의 탑신을 세운 모습으로, 얼핏 보면 신라 석탑의 본보기를 따르고 있는 듯하지만, 세부적으로는 좀 다릅니다. 먼저 기단은 신라의 일반형 석탑에 견주어 아래층 기단이 훨씬 높아졌고, 상대적으로 2층 기단이 약간 낮아졌습니다. 탑신부는 몸돌과 지붕돌을 각각 1개의 돌로 조성하였으며, 몸돌 모서리마다 기둥 모양의 조각을 새겨 두었지요. 지붕돌은 두툼해 보이는 처마가 밋밋한 곡선을

그리다 네 귀퉁이에서 심하게 들려져 고려시대 석탑의 특징을
보여준다고 합니다. 탑의 머리장식으로는 네모난 지붕 모양의
장식과 바리때(승려가 쓰는 그릇)를 엎어 놓은 것처럼 만든
복발만 하나의 돌에 조각되어 남아있습니다.

이 탑은 고려 중기 이전에 세워졌을 것으로 추정되고 있는데,
탑 전체에 흐르는 웅건한 기풍과 정제된 수법은 신라탑의
영향을 많이 받았던 고려시대 석탑의 특색을 잘 보여줍니다.
1915년 탑을 옮겨 세울 때, 탑신부에서 두루마리 7개의《감지
은니묘법연화경》이 발견되었는데, 이는 고려 충렬왕 9년
(1283)에 탑 속에 넣은 불교경전으로, 이때 탑을 보수했음을
알 수 있습니다.

▲ 국립중앙박물관 바깥 석조물 정원에 있는 국보 '개성 남계원터 칠층석탑'

25.
물에서 사는 어룡,
절 지붕에 올라가다

우리는 가끔 궁궐이나 절과 같은 전통건축의 용마루 양쪽 끝머리에 올라가 있는 상징물을 봅니다. 이를 마루 끝을 장식하는 기와라는 뜻으로 망새라고 부르며, 망와 · 바래기와 · 치미(鴟尾) · 취두(鷲頭)라고도 합니다. 치미라는 말은 용을 잡아 먹고산다는 전설의 새 꼬리 모습이라고도 하며, 올빼미 꼬리 같다고 하여 붙여진 이름이라고도 하지요. 또 치미는 물에서 사는 어룡(魚龍)으로 지붕에 올려놓으면 불을 예방한다고도 하고, 용의 9마리 자식 가운데 멀리 바라보기를 좋아하는 둘째 아들 이문(螭吻)으로 이를 지붕에 얹어놓으면 불을 막는다는 믿음도 있었습니다.

그밖에 이 망새는 건물의 권위를 나타내기도 하며, 상서로움을 나타내거나 사악한 것을 물리치는 벽사의 의미를 지니고 있다고도 하지요. 이렇게 그 유래가 다양한 망새는 청동 · 기와 · 돌 같은 것으로 만들어졌는데, 황룡사터에서 출토된 것은 높이 182㎝, 너비가 105㎝인 동양에서 가장 큰 대형 치미로 알려졌습니다.

불을 막으려 했다는 이 망새는 경복궁 근정전에 올려진 잡상, 경복궁 앞의 해태, 창덕궁 인정전 앞의 드므와 그 만든 목적이 같은 것입니다. 그리고 숭례문 편액을 세로로 쓴 까닭도 예전에 있었던 숭례문 문 앞의 용지라는 연못도 모두 화마를 막으려 했던 것이지요. 위엄을 자랑하는 옛 목조 건축물에 불이 나면 그야말로 치명적인 손상을 입었던 까닭에 옛사람들은 이러한 화재를 막기 위한 온갖 예방책을 썼던 것입니다.

▲ 전체 높이가 182cm나 되는 황룡사터 망새 (신라, 국립경주박물관 소장),
익산 미륵사터 망새 (백제, 국립부여박물관 소장)

이 도서는 한국출판문화산업진흥원의 '2023년
중소출판사 출판콘텐츠 창작 지원 사업'의
일환으로 국민체육진흥기금을 지원받아 제작
되었습니다.

한국인이 알아야 할 한국문화 이야기

초판 1쇄 펴낸 날 4356(2023)년 11월 1일

지 은 이 | 김영조
디 자 인 | 명 크리에이티브
박 은 곳 | 명 크리에이티브
펴 낸 곳 | 도서출판 얼레빗
펴 낸 이 | 이윤옥
등록일자 | 단기 4343년(2010) 5월 28일
등록번호 | 제000067호
주   소 | 서울시 영등포구 영신로 32 그린오피스텔 306호
전   화 | (02) 733-5027
전   송 | (02) 733-5028
누리편지 | pine9969@hanmail.net
I S B N | 979-11-85776-25-5

값 22,000원